Direito Processual Civil

Módulo 2
EXECUÇÃO

Direito Processual Civil

Módulo 2
Execução
Com redação da Lei n° 11.694 de junho de 2008.

Todos os direitos relativos a esta obra estão
reservados na forma da legislação em vigor.

É proibida a reprodução parcial ou total desta obra,
sem autorização oficialmente documentada pelos autores.
Direitos reservados: Lei 9610/98

Capa / Diagramação: Equipe Áudio

Produção / Coordenação: João Gonzales / Rubens Souza

Autor: Editora Áudio

Editora Áudio Ltda:
Caixa Postal 14288 - São Paulo - SP - CEP 02113-970
Site: www.editoraaudio.com.br
E-mail: editoraaudio@gmail.com
1ª Edição / 2009

Sumário

Cumprimento da Sentença e a Execução Extrajudicial 09

Princípios do Processo de Execução 13

Título Executivo e Seus Atributos 14

Legitimidade de Parte 15

Execução Provisória e Execução Definitiva 16

Competência 17

Responsabilidade Patrimonial 18

Exceção de Pré-executividade 22

Execução por Quantia Certa Contra Devedor
Solvente 72

Substituição da Penhora 30

Avaliação 37

Adjudicação 39

Alienação por Iniciativa Particular 40

Alienação em Hasta Pública 41

Pagamento ao Credor 49

Entrega do Dinheiro 49

Adjudicação de Imóvel 50

Usofruto de Móvel ou Imóvel 50

Liquidação da Sentença..52

Entrega da Coisa Certa..56

Entrega de Coisa Incerta 66

Obrigação de Fazer 67

Obrigação de Não Fazer..69

Execução Contra a Fazenda Pública.......................................69

Execução de Prestação Alimentícia 71

Execução por Quantia Certa Contra Devedor
Insolvente 72

Remição 74

Suspensão do Processo de Execução 74

Extinção do Processo de Execução 75

Bibliografia / Consultas 78

Direito Processual Civil
Módulo 2
EXECUÇÃO
Com redação da Lei n° 11.694 de junho de 2008.

O Cumprimento da Sentença e a Execução Extrajudicial

Quando o réu, apesar de condenado, não cumpre espontaneamente a obrigação determinada na sentença proferida em processo de conhecimento, o Poder Judiciário o faz cumprir coativamente, para que o autor possa, de fato, receber o que tem direito por força de sentença.

De nada valeria para a parte a obtenção de uma sentença condenatória se o réu, apesar de condenado, não cumprisse a obrigação determinada na sentença.

Antes da vigência das leis 11.232 de 2005 e 11.382 de 2006, o juiz, ao proferir a sentença, cumpria e acabava seu ofício jurisdicional. No caso de sentença condenatória era necessário ingressar com uma nova ação para o credor obter a obrigação determinada na sentença, denominada ação de execução.

Assim, para iniciar o processo de execução era necessário um título executivo que poderia ser judicial ou extrajudicial.

Com a reforma introduzida pelas referidas leis, no que tange à execução de sentença, o processo de conhecimento passa a ter mais uma fase, a chamada fase de **cumprimento da sentença**. Assim, o título judicial passa a ser apenas uma condição para se prosseguir no processo de conhecimento. Contudo, o processo de execução como forma autônoma, continua valendo para os títulos executivos extrajudiciais.

O processo de execução serve para fazer valer os direitos existentes em documentos firmados entre partes, aos quais a lei confere a mesma força executiva atribuída à sentença. São os chamados "Títulos Executivos Extrajudiciais" como notas promissórias, cheques, contratos e outros como veremos mais adiante. Isto quer dizer que a lei pode embasar a ação de execução em título executivo extrajudicial, evitando a proposição de ação de conhecimento.

Art. 580. A execução pode ser instaurada caso o devedor não satisfaça a obrigação certa, líquida e exigível, consubstanciada em título executivo. (Redação dada pela Lei nº 11.382, de 2006).

O artigo 475 letra N do Código de Processo Civil traz a relação dos títulos executivos judiciais:
A lei 11.232 de 22 de dezembro de 2005 alterou as disposições sobre títulos executivos judiciais contidas no artigo 584 do Código de Processo Civil, agora revogado.

Art. 475-N. São títulos executivos judiciais: (Incluído pela Lei nº 11.232, de 2005)
I – a sentença proferida no processo civil que reconheça a existência de obrigação de fazer, não fazer, entregar coisa ou pagar quantia; (Incluído pela Lei nº 11.232, de 2005)
II – a sentença penal condenatória transitada em julgado; (Incluído pela Lei nº 11.232, de 2005)

III – a sentença homologatória de conciliação ou de transação, ainda que inclua matéria não posta em juízo; (Incluído pela Lei nº 11.232, de 2005)
IV – a sentença arbitral; (Incluído pela Lei nº 11.232, de 2005)
V – o acordo extrajudicial, de qualquer natureza, homologado judicialmente; (Incluído pela Lei nº 11.232, de 2005)
VI – a sentença estrangeira, homologada pelo Superior Tribunal de Justiça; (Incluído pela Lei nº 11.232, de 2005)
VII – o formal e a certidão de partilha, exclusivamente em relação ao inventariante, aos herdeiros e aos sucessores a título singular ou universal. (Incluído pela Lei nº 11.232, de 2005)
Parágrafo único. Nos casos dos incisos II, IV e VI, o mandado inicial (art. 475-J) incluirá a ordem de citação do devedor, no juízo cível, para liquidação ou execução, conforme o caso. (Incluído pela Lei nº 11.232, de 2005)

O artigo 585 do Código de Processo Civil traz a relação dos títulos executivos extrajudiciais:

Art. 585. São títulos executivos extrajudiciais:
I - a letra de câmbio, a nota promissória, a duplicata, a debênture e o cheque;
II - a escritura pública ou outro documento público assinado pelo devedor; o documento particular assinado pelo devedor e por duas testemunhas; o instrumento de transação referendado pelo Ministério Público, pela Defensoria Pública ou pelos advogados dos transatores;
III - os contratos garantidos por hipoteca, penhor, anticrese e caução, bem como os de seguro de vida; (Redação dada pela Lei nº 11.382, de 2006).
IV - o crédito decorrente de foro e laudêmio; (Redação dada pela Lei nº 11.382, de 2006).
V - o crédito, documentalmente comprovado, decorrente de

aluguel de imóvel, bem como de encargos acessórios, tais como taxas e despesas de condomínio; (Redação dada pela Lei nº 11.382, de 2006).

VI - o crédito de serventuário de justiça, de perito, de intérprete, ou de tradutor, quando as custas, emolumentos ou honorários forem aprovados por decisão judicial; (Redação dada pela Lei nº 11.382, de 2006).

VII - a certidão de dívida ativa da Fazenda Pública da União, dos Estados, do Distrito Federal, dos Territórios e dos Municípios, correspondente aos créditos inscritos na forma da lei; (Redação dada pela Lei nº 11.382, de 2006).

VIII - todos os demais títulos a que, por disposição expressa, a lei atribuir força executiva. (Incluído pela Lei nº 11.382, de 2006).

§ 1º A propositura de qualquer ação relativa ao débito constante do título executivo não inibe o credor de promover-lhe a execução.

§ 2º Não dependem de homologação pelo Supremo Tribunal Federal, para serem executados, os títulos executivos extrajudiciais, oriundos de país estrangeiro. O título, para ter eficácia executiva, há de satisfazer aos requisitos de formação exigidos pela lei do lugar de sua celebração e indicar o Brasil como o lugar de cumprimento da obrigação.

Art. 586. A execução para cobrança de crédito fundar-se-á sempre em título de obrigação certa, líquida e exigível. (Redação dada pela Lei nº 11.382, de 2006).

§ 1º (Revogado pela Lei nº 11.382, de 2006)

§ 2º (Revogado pela Lei nº 11.382, de 2006)

Visando a célere prestação jurisdicional, a Lei nº 11.382 de 2002 acrescentou ao artigo algumas expressões buscando eliminar controvérsias quanto à cobrança executiva de determinadas verbas, bem como créditos decorrentes de foro e laudêmio, bem como créditos decorrentes de aluguel e encargos acessórios.

A propriedade do terreno de marinha pode ser transferida para o particular através de contrato. Este contrato chama-se aforamento. Impõe ao beneficiário a obrigação de pagar um certo valor anual que se denomina "Foro".

Laudêmio é uma taxa a ser paga à União sempre que houver uma transação com escritura definitiva de compra e venda em terrenos de marinha. Esta taxa incide a cada negociação e é devida pelo vendedor.

Princípios do Processo de Execução

O processo de execução rege-se por princípios próprios e aplicam-se subsidiariamente as regras do processo de conhecimento.

Vejamos alguns dos princípios no processo de execução:

Princípio da patrimonialidade:
Afirma este princípio que a garantia do débito está no patrimônio do devedor e não em sua pessoa.

Princípio do exato adimplemento:
O resultado obtido na execução deve garantir ao credor o mesmo que teria obtido no cumprimento espontâneo da obrigação.

Princípio da utilidade:
A execução não deve causar prejuízo ao devedor quando não reverter em benefício do credor.

Princípio da menor onerosidade:
A execução será feita pelos meios menos gravosos ao devedor.

Direito Processual Civil

Execução

Princípio da responsabilidade do devedor:
As despesas do processo e honorários de advogados é de responsabilidade do devedor.

Princípio do contraditório:
Assegura às partes a possibilidade de se manifestar diante de qualquer decisão.

Título Executivo e Seus Atributos

Como vimos, a lei atribui eficácia executiva ao título, tornando-o capaz de utilizar a via executiva como forma de fazer valer seu direito.

O título executivo é indispensável para o ajuizamento da ação de execução. O original do documento deverá vir instruindo a petição inicial, somente admitindo-se cópia autenticada se o original estiver instruindo outro processo.

São atributos inerentes ao título executivo e sua respectiva obrigação: a liquidez, a certeza e a exigibilidade.

Liquidez é a determinação do valor e a natureza da dívida, ou mesmo que não aponte o valor determinado da dívida, deve conter elementos que permitam, através de simples cálculo aritmético, chegar ao valor da dívida.

A certeza decorre da perfeição formal do título. Diz-se que o título é certo quando não há controvérsia quanto à existência do crédito que ele representa.

A Lei nº 11.382 alterou a terminologia com referência ao título.
Essa correção atinge a expressão "título líquido e certo". Agora

refere-se ao título e sua correspondente obrigação líquida e certa.
O título é exigível se vencida a data para pagamento da obrigação. Se a dívida estiver sujeita a condição ou termo, somente será exigível se verificado seu cumprimento.

Legitimidade de Parte

Tem legitimidade para propor processo de execução aquele cuja condição de credor é atribuída diretamente pelo título executivo, porém, existem casos em que é atribuída legitimação ao Ministério Público para propor execução, embora não seja credor no título executivo, como prevê inciso II do artigo 566.

Art. 566. Podem promover a execução forçada:
I - o credor a quem a lei confere título executivo;
II - o Ministério Público, nos casos prescritos em lei.

Art. 567. Podem também promover a execução, ou nela prosseguir:
I - o espólio, os herdeiros ou os sucessores do credor, sempre que, por morte deste, lhes for transmitido o direito resultante do título executivo;
II - o cessionário, quando o direito resultante do título executivo lhe foi transferido por ato entre vivos;
III - o sub-rogado, nos casos de sub-rogação legal ou convencional.

Art. 568. São sujeitos passivos na execução:
I - o devedor, reconhecido como tal no título executivo;
II - o espólio, os herdeiros ou os sucessores do devedor;
III - o novo devedor, que assumiu, com o consentimento do credor, a obrigação resultante do título executivo;

IV - o fiador judicial;
V - o responsável tributário, assim definido na legislação própria.

Execução Provisória e Execução Definitiva

Devedor inadimplente é o que, apesar de condenado, não cumpre espontaneamente o direito reconhecido na sentença ou a obrigação contida no título executivo.

A sentença condenatória é condição para se prosseguir na execução, agora denominada fase de cumprimento da sentença do processo de conhecimento.

A execução da sentença pode ser definitiva ou provisória, conforme dispõe o parágrafo 1º do art. 475-I, do Código de Processo Civil.

Art. 475-I § 1o É definitiva a execução da sentença transitada em julgado e provisória quando se tratar de sentença impugnada mediante recurso ao qual não foi atribuído efeito suspensivo. (Incluído pela Lei nº 11.232, de 2005)

A execução será definitiva quando fundada em decisão transitada em julgado, quer dizer, dela não cabendo mais recurso.

A execução será provisória quando a sentença for impugnada por recurso recebido somente no efeito devolutivo. É realizada por conta e responsabilidade do exeqüente e pode ficar condicionada a garantia para recompor eventuais prejuízos que vier a sofrer o executado, pois a sentença ainda não foi confirmada.

O termo, "devolutivo" é empregado aqui no sentido de remessa ou entrega do assunto para um segundo exame, geralmente em instância superior.

Alguns recursos apresentam o efeito suspensivo, isto é, impede que a decisão seja executada até nova decisão do tribunal.

Art. 521. Recebida a apelação em ambos os efeitos, o juiz não poderá inovar no processo; recebida só no efeito devolutivo, o apelado poderá promover, desde logo, a execução provisória da sentença, extraindo a respectiva carta.

Também a execução com base em título executivo extrajudicial pode ser definitiva ou provisória, conforme dispõe o artigo 587.

Art. 587. É definitiva a execução fundada em título extrajudicial; é provisória enquanto pendente apelação da sentença de improcedência dos embargos do executado, quando recebidos, com efeito suspensivo (art. 739). (Redação dada pela Lei nº 11.382, de 2006).

Competência

A competência para processar e julgar a execução fundada em título executivo judicial em primeiro lugar deve ser do juízo do processo de conhecimento, que decidiu a causa em primeiro grau de jurisdição. Trata-se de competência funcional, portanto, inderrogável.

Na execução cível de sentença penal condenatória ou arbitral, será competente o juízo civil competente segundo as regras comuns.

Serão competentes os Tribunais Superiores nas causas de sua

competência originária.

Quando se tratar de título executivo extrajudicial a competência segue as regras comuns de competência contidas no Livro I, Titulo IV, capítulos II e III do Código de Processo Civil. Assunto já abordado no início do curso.

Responsabilidade Patrimonial

É a responsabilidade que tem o devedor pelo cumprimento de suas obrigações, respondendo com todos os seus bens, presentes e futuros.

A Lei nº 11.382 de dezembro de 2006 traz importantes modificações no Código de Processo Civil. Trata especialmente do sistema de execução civil, dando seqüência às alterações já introduzidas pela Lei nº 11.232 de 2005 que alterou a execução de título executivo judicial.

A nova lei tem claro objetivo de agilizar o processo de execução, buscando atingir efetivamente seu resultado, que é a concretização do direito do exeqüente.
Dentre as várias providências adotadas para o novo procedimento de execução, podemos citar:

A avaliação dos bens poderá ser feita pelo próprio oficial de justiça.

Os bens podem ser transferidos para o credor para saldar a dívida, sendo que, pela legislação anterior, primeiramente devia-se tentar hasta pública, procedimento oneroso e pouco eficiente.

Agora, o débito poderá ser parcelado pelo devedor, desde que ele reconheça a dívida e deposite previamente 30% do seu valor total.

Além dessas inovações, a Lei nº 11.382 traz outras modificações que buscam agilizar o processo de execução, como uso da penhora *on-line*, por exemplo.

Da Responsabilidade Patrimonial
Art. 591. O devedor responde, para o cumprimento de suas obrigações, com todos os seus bens presentes e futuros, salvo as restrições estabelecidas em lei.

Art. 592. Ficam sujeitos à execução os bens:
I - do sucessor a título singular, tratando-se de execução fundada em direito real ou obrigação reipersecutória; (Redação dada pela Lei nº 11.382, de 2006).
II - do sócio, nos termos da lei;
III - do devedor, quando em poder de terceiros;
IV - do cônjuge, nos casos em que os seus bens próprios, reservados ou de sua meação respondem pela dívida;
V - alienados ou gravados com ônus real em fraude de execução.

Art. 593. Considera-se em fraude de execução a alienação ou oneração de bens:
I - quando sobre eles pender ação fundada em direito real;
II - quando, ao tempo da alienação ou oneração, corria contra o devedor demanda capaz de reduzi-lo à insolvência;
III - nos demais casos expressos em lei.

Aos bens sujeitos a execução, a Lei nº 11.382 de 2006, incluiu a obrigação reipersecutória que permite ao credor perseguir o bem caso a obrigação não seja satisfeita.

Direito Processual Civil

Execução

Sucessão a título singular é a que se transfere um direito, um bem, ou mesmo uma fração patrimonial. Contrapõe-se a sucessão universal em que se transmite a totalidade do patrimônio ao sucessor.

Pela redação anterior apenas as execuções oriundas de ações judiciais sujeitavam o patrimônio do sucessor a título particular. Pela nova redação, a execução de titulo executivo extrajudicial passa também a sujeitar os bens dos sucessores a título singular, desde que o título executivo esteja fundado em direito real ou obrigação reipersecutória.

Fraude à execução é ato que acarreta dano ao credor e atenta contra o desenvolvimento da execução, por isso, é tido como ato de maior gravidade.

Art. 594. O credor, que estiver, por direito de retenção, na posse de coisa pertencente ao devedor, não poderá promover a execução sobre outros bens senão depois de excutida a coisa que se achar em seu poder.

Art. 595. O fiador, quando executado, poderá nomear à penhora bens livres e desembargados do devedor. Os bens do fiador ficarão, porém, sujeitos à execução, se os do devedor forem insuficientes à satisfação do direito do credor.
Parágrafo único. O fiador, que pagar a dívida, poderá executar o afiançado nos autos do mesmo processo.

Art. 596. Os bens particulares dos sócios não respondem pelas dívidas da sociedade senão nos casos previstos em lei; o sócio, demandado pelo pagamento da dívida, tem direito a exigir que sejam primeiro excutidos os bens da sociedade.
§ 1º Cumpre ao sócio, que alegar o benefício deste artigo, nomear

bens da sociedade, sitos na mesma comarca, livres e desembargados, quantos bastem para pagar o débito.

§ 2º Aplica-se aos casos deste artigo o disposto no parágrafo único do artigo anterior.

Art. 597. O espólio responde pelas dívidas do falecido; mas, feita a partilha, cada herdeiro responde por elas na proporção da parte que na herança lhe coube.

Importante alteração introduzida pela Lei nº 11.382 de 2006 é a possibilidade de o exeqüente, no ato da distribuição, obter certidão comprobatória do ajuizamento da execução para fins de averbação no registro de imóveis, nos termos do artigo 615-A.

Trata-se de nova maneira de tornar pública a existência de execução ajuizada contra o proprietário evitando que este venha a alienar o bem em prejuízo do exeqüente ou valendo-se da boa-fé de terceiro adquirente.

Vejamos o texto legal:

Art. 615-A. O exeqüente poderá, no ato da distribuição, obter certidão comprobatória do ajuizamento da execução, com identificação das partes e valor da causa, para fins de averbação no registro de imóveis, registro de veículos ou registro de outros bens sujeitos à penhora ou arresto. (Incluído pela Lei nº 11.382, de 2006).

§ 1º O exeqüente deverá comunicar ao juízo as averbações efetivadas, no prazo de 10 (dez) dias de sua concretização. (Incluído pela Lei nº 11.382, de 2006).

§ 2º Formalizada penhora sobre bens suficientes para cobrir o valor da dívida, será determinado o cancelamento das averbações de que trata este artigo relativas àqueles que não tenham sido penhorados. (Incluído pela Lei nº 11.382, de 2006).

§ 3º Presume-se em fraude à execução a alienação ou oneração de bens efetuada após a averbação (art. 593). (Incluído pela Lei nº

11.382, de 2006).

§ 4º O exeqüente que promover averbação manifestamente indevida indenizará a parte contrária, nos termos do § 2o do art. 18 desta Lei, processando-se o incidente em autos apartados. (Incluído pela Lei nº 11.382, de 2006).

§ 5º Os tribunais poderão expedir instruções sobre o cumprimento deste artigo. (Incluído pela Lei nº 11.382, de 2006).

Os parágrafos do referido artigo regulam a presunção de fraude no caso de alienação ou operação de bens após a averbação, bem como aplicação de multa por litigância de má-fé para o caso do exeqüente que promover averbação manifestamente indevida.

Oneração quer dizer dar o imóvel em garantia, como na hipoteca, por exemplo.

Exceção de Pré-executividade

A regra pressupõe execução normal com obediência dos pressupostos da ação executória. Porém, podem ocorrer vícios que invalidam a relação processual, tais como, inexistência de título executivo hábil, ilegitimidade das partes ou quando o título executivo extrajudicial não corresponder à obrigação certa, líquida e exigível.

Nestes casos tem-se admitido a interposição de Exceção de pré-executividade, levando a apreciação do juízo as irregularidades a fim impedir a execução indevida.

Trata-se de instrumento utilizado pelo devedor para suspender a execução mediante argüição de nulidade processual.

Tal instrumento não tem previsão legal, porém encontra respaldo jurisprudencial por se entender que além da vigilância regular do juiz a respeito de vícios durante o trâmite do processo,

também o devedor, como maior interessado, tem o direito de se manifestar sobre causas que possam levar a nulidade da execução.
Pode ocorrer em qualquer fase do processo e será argüida nos próprios autos.

Da Execução por Quantia Certa Contra Devedor Solvente

A finalidade da execução é fazer com que o devedor cumpra, coercitivamente, a obrigação contida no título executivo.
Expropriação é uma das formas de satisfação da obrigação do crédito do exeqüente. Consiste em adjudicação, alienação particular, ou hasta pública, nessa ordem.
Na alienação, o bem do devedor é convertido em dinheiro na quantia que satisfaça o crédito. Já na adjudicação o bem é entregue diretamente ao exeqüente.

Com a nova redação do artigo 647 dada pela Lei nº 11.382 de 2006 a adjudicação passa a ser a primeira opção, pois é a forma de expropriação mais rápida e menos onerosa.
Pela lei anterior só era possível adjudicação após a tentativa de alienação em hasta pública.

Além do exeqüente, a adjudicação poderá ser feita a outras pessoas como: pelos credores concorrentes que hajam penhorado o mesmo bem, pelo cônjuge, pelos descendentes ou ascendentes do executado.
Havendo outras ofertas pelo mesmo preço, estas pessoas têm preferência. Neste caso, para o exeqüente, não se trata de adjudicação e sim de alienação, pois a este cabe a entrega em dinheiro do valor do crédito.

Execução

Art. 646. A execução por quantia certa tem por objeto expropriar bens do devedor, a fim de satisfazer o direito do credor (art. 591).

Art. 647. A expropriação consiste:
I - na adjudicação em favor do exeqüente ou das pessoas indicadas no § 2º do art. 685-A desta Lei; (Redação dada pela Lei nº 11.382, de 2006).
II - na alienação por iniciativa particular; (Redação dada pela Lei nº 11.382, de 2006).
III - na alienação em hasta pública; (Redação dada pela Lei nº 11.382, de 2006).
IV - no usufruto de bem móvel ou imóvel. (Incluído pela Lei nº 11.382, de 2006).

A execução civil recai sobre os bens do executado e não sobre sua pessoa.

Porém, por razões sociais ou humanitárias, a lei exclui da responsabilidade patrimonial alguns bens específicos do executado. São os bens absolutamente impenhoráveis ou relativamente impenhoráveis.

Absolutamente impenhoráveis são os bens em que em nenhuma hipótese podem ser objeto de penhora. Já os relativamente penhoráveis, na falta de outros bens, podem ser penhorados e expropriados.

O inciso X do artigo 649, com redação da Lei nº 11.382, protege a quantia depositada em caderneta de poupança até o limite de 40 salários mínimos, tornando-o impenhorável. Por outro lado, o referido preceito legal permite a constrição de todo valor depositado em caderneta de poupança que exceda a 40 salários mínimos.

Art. 648. Não estão sujeitos à execução os bens que a lei considera impenhoráveis ou inalienáveis.

Art. 649. São absolutamente impenhoráveis:
I - os bens inalienáveis e os declarados, por ato voluntário, não sujeitos à execução;
II - os móveis, pertences e utilidades domésticas que guarnecem a residência do executado, salvo os de elevado valor ou que ultrapassem as necessidades comuns correspondentes a um médio padrão de vida; (Redação dada pela Lei nº 11.382, de 2006).
III - os vestuários, bem como os pertences de uso pessoal do executado, salvo se de elevado valor; (Redação dada pela Lei nº 11.382, de 2006).
IV - os vencimentos, subsídios, soldos, salários, remunerações, proventos de aposentadoria, pensões, pecúlios e montepios; as quantias recebidas por liberalidade de terceiro e destinadas ao sustento do devedor e sua família, os ganhos de trabalhador autônomo e os honorários de profissional liberal, observado o disposto no § 3º deste artigo; (Redação dada pela Lei nº 11.382, de 2006).
V - os livros, as máquinas, as ferramentas, os utensílios, os instrumentos ou outros bens móveis necessários ou úteis ao exercício de qualquer profissão; (Redação dada pela Lei nº 11.382, de 2006).
VI - o seguro de vida; (Redação dada pela Lei nº 11.382, de 2006).
VII - os materiais necessários para obras em andamento, salvo se essas forem penhoradas; (Redação dada pela Lei nº 11.382, de 2006).
VIII - a pequena propriedade rural, assim definida em lei, desde que trabalhada pela família; (Redação dada pela Lei nº 11.382, de 2006).
IX - os recursos públicos recebidos por instituições privadas para aplicação compulsória em educação, saúde ou assistência social; (Redação dada pela Lei nº 11.382, de 2006).
X - até o limite de 40 (quarenta) salários mínimos, a quantia depositada em caderneta de poupança. (Redação dada pela Lei nº 11.382, de 2006).
XI - os recursos públicos do fundo partidário recebidos, nos

termos da lei, por partido político. (Incluído pela Lei nº 11.694, de 2008)

§ 1º A impenhorabilidade não é oponível à cobrança do crédito concedido para a aquisição do próprio bem. (Incluído pela Lei nº 11.382, de 2006).

§ 2º O disposto no inciso IV do caput deste artigo não se aplica no caso de penhora para pagamento de prestação alimentícia. (Incluído pela Lei nº 11.382, de 2006).

§ 3º (VETADO). (Incluído pela Lei nº 11.382, de 2006).

Art. 650. Podem ser penhorados, à falta de outros bens, os frutos e rendimentos dos bens inalienáveis, salvo se destinados à satisfação de prestação alimentícia. (Redação dada pela Lei nº 11.382, de 2006).

Parágrafo único. (VETADO) (Incluído pela Lei nº 11.382, de 2006).

Art. 651. Antes de adjudicados ou alienados os bens, pode o executado, a todo tempo, remir a execução, pagando ou consignando a importância atualizada da dívida, mais juros, custas e honorários advocatícios. (Redação dada pela Lei nº 11.382, de 2006).

Outra medida que garante agilização do processo na nova sistemática da execução vem contida no artigo 652 onde o executado será citado para, no prazo de 3 dias efetuar o pagamento da dívida.

Pela lei anterior, o devedor era citado para, no prazo de 24 (vinte e quatro) horas, pagar ou nomear bens à penhora. Apesar do prazo ter sido ampliado em mais 2 (dois) dias, o executado, poderá sofrer de imediato a penhora de bens, caso não efetue o pagamento do débito.

O próprio oficial de justiça procede à avaliação. Na mesma oportunidade será lavrado o respectivo auto de penhora e o executado será intimado de todos os atos praticados.

Art. 652. O executado será citado para, no prazo de 3 (três) dias, efetuar o pagamento da dívida. (Redação dada pela Lei nº 11.382, de 2006).

§ 1º Não efetuado o pagamento, munido da segunda via do mandado, o oficial de justiça procederá de imediato à penhora de bens e a sua avaliação, lavrando-se o respectivo auto e de tais atos intimando, na mesma oportunidade, o executado. (Redação dada pela Lei nº 11.382, de 2006).

§ 2º O credor poderá, na inicial da execução, indicar bens a serem penhorados (art. 655). (Redação dada pela Lei nº 11.382, de 2006).

§ 3º O juiz poderá, de ofício ou a requerimento do exeqüente, determinar, a qualquer tempo, a intimação do executado para indicar bens passíveis de penhora. (Incluído pela Lei nº 11.382, de 2006).

§ 4º A intimação do executado far-se-á na pessoa de seu advogado; não o tendo, será intimado pessoalmente. (Incluído pela Lei nº 11.382, de 2006).

§ 5º Se não localizar o executado para intimá-lo da penhora, o oficial certificará detalhadamente as diligências realizadas, caso em que o juiz poderá dispensar a intimação ou determinará novas diligências. (Incluído pela Lei nº 11.382, de 2006).

Art. 652-A. Ao despachar a inicial, o juiz fixará, de plano, os honorários de advogado a serem pagos pelo executado (art. 20, § 4º). (Incluído pela Lei nº 11.382, de 2006).

Parágrafo único. No caso de integral pagamento no prazo de 3 (três) dias, a verba honorária será reduzida pela metade. (Incluído pela Lei nº 11.382, de 2006).

Art. 653. O oficial de justiça, não encontrando o devedor, arrestar-lhe-á tantos bens quantos bastem para garantir a execução.

Parágrafo único. Nos 10 (dez) dias seguintes à efetivação do arresto, o oficial de justiça procurará o devedor três vezes em dias distintos; não o encontrando, certificará o ocorrido.

Art. 654. Compete ao credor, dentro de 10 (dez) dias, contados da data em que foi intimado do arresto a que se refere o parágrafo único do artigo anterior, requerer a citação por edital do devedor. Findo o prazo do edital, terá o devedor o prazo a que se refere o art. 652, convertendo-se o arresto em penhora em caso de não-pagamento.

O artigo 655 trata da ordem dos bens que podem ser oferecidos pelo executado ou penhorados diretamente pelo credor.

A nova redação dá preferência ao dinheiro, mesmo estando na forma de depósito ou aplicação em instituição financeira. Em seguida, vem os veículos, os bens móveis e imóveis e segue, conforme disposto no referido artigo.

É importante estabelecer a ordem dos bens que podem ser penhorados, pois, seguida a determinação legal, não se deixa margem para discussão nos embargos, o que resulta em celeridade na execução.

O artigo 655-A permite que o juiz faça requisição junto ao sistema bancário sobre informações de ativos em nome do executado, podendo, determinar sua indisponibilidade até o valor indicado na execução.

O requerimento será feito preferencialmente por meio eletrônico. É a denominada penhora *on-line*.

Art. 655. A penhora observará, preferencialmente, a seguinte ordem: (Redação dada pela Lei nº 11.382, de 2006).

I - dinheiro, em espécie ou em depósito ou aplicação em instituição financeira; (Redação dada pela Lei nº 11.382, de 2006).

II - veículos de via terrestre; (Redação dada pela Lei nº 11.382, de 2006).

III - bens móveis em geral; (Redação dada pela Lei nº 11.382, de 2006).
IV - bens imóveis; (Redação dada pela Lei nº 11.382, de 2006).
V - navios e aeronaves; (Redação dada pela Lei nº 11.382, de 2006).
VI - ações e quotas de sociedades empresárias; (Redação dada pela Lei nº 11.382, de 2006).
VII - percentual do faturamento de empresa devedora; (Redação dada pela Lei nº 11.382, de 2006).
VIII - pedras e metais preciosos; (Redação dada pela Lei nº 11.382, de 2006).
IX - títulos da dívida pública da União, Estados e Distrito Federal com cotação em mercado; (Redação dada pela Lei nº 11.382, de 2006).
X - títulos e valores mobiliários com cotação em mercado; (Redação dada pela Lei nº 11.382, de 2006).
XI - outros direitos. (Incluído pela Lei nº 11.382, de 2006).

§ 1º Na execução de crédito com garantia hipotecária, pignoratícia ou anticrética, a penhora recairá, preferencialmente, sobre a coisa dada em garantia; se a coisa pertencer a terceiro garantidor, será também esse intimado da penhora. (Redação dada pela Lei nº 11.382, de 2006).

§ 2º Recaindo a penhora em bens imóveis, será intimado também o cônjuge do executado. (Redação dada pela Lei nº 11.382, de 2006).

Art. 655-A. Para possibilitar a penhora de dinheiro em depósito ou aplicação financeira, o juiz, a requerimento do exeqüente, requisitará à autoridade supervisora do sistema bancário, preferencialmente por meio eletrônico, informações sobre a existência de ativos em nome do executado, podendo no mesmo ato determinar sua indisponibilidade, até o valor indicado na execução. (Incluído pela Lei nº 11.382, de 2006).

§ 1º As informações limitar-se-ão à existência ou não de

depósito ou aplicação até o valor indicado na execução. (Incluído pela Lei nº 11.382, de 2006).

§ 2º Compete ao executado comprovar que as quantias depositadas em conta corrente referem-se à hipótese do inciso IV do caput do art. 649 desta Lei ou que estão revestidas de outra forma de impenhorabilidade. (Incluído pela Lei nº 11.382, de 2006).

§ 3º Na penhora de percentual do faturamento da empresa executada, será nomeado depositário, com a atribuição de submeter à aprovação judicial a forma de efetivação da constrição, bem como de prestar contas mensalmente, entregando ao exeqüente as quantias recebidas, a fim de serem imputadas no pagamento da dívida. (Incluído pela Lei nº 11.382, de 2006).

§ 4º Quando se tratar de execução contra partido político, o juiz, a requerimento do exeqüente, requisitará à autoridade supervisora do sistema bancário, nos termos do que estabelece o caput deste artigo, informações sobre a existência de ativos tão-somente em nome do órgão partidário que tenha contraído a dívida executada ou que tenha dado causa a violação de direito ou ao dano, ao qual cabe exclusivamente a responsabilidade pelos atos praticados, de acordo com o disposto no art. 15-A da Lei nº 9.096, de 19 de setembro de 1995. (Incluído pela Lei nº 11.694, de 2008)

Art. 655-B. Tratando-se de penhora em bem indivisível, a meação do cônjuge alheio à execução recairá sobre o produto da alienação do bem. (Incluído pela Lei nº 11.382, de 2006).

Substituição da Penhora

O artigo 656 traz as hipóteses em que a penhora pode ser substituída, a pedido de qualquer das partes.

Porém, pode ser pedida exclusivamente pelo executado desde que comprove cabalmente que a substituição não trará prejuízo algum ao exeqüente e será menos onerosa para ele devedor.

As mudanças mais importantes com a redação da Lei nº 11.382 foram:
 I - Não havendo outros bens livres, os bens já penhorados podem ser oferecidos em nova execução.
 II – A baixa liquidez ou o fracasso na alienação judicial são motivos para substituição da penhora.

Art. 656. A parte poderá requerer a substituição da penhora: (Redação dada pela Lei nº 11.382, de 2006).
 I - se não obedecer à ordem legal; (Redação dada pela Lei nº 11.382, de 2006).
 II - se não incidir sobre os bens designados em lei, contrato ou ato judicial para o pagamento; (Redação dada pela Lei nº 11.382, de 2006).
 III - se, havendo bens no foro da execução, outros houverem sido penhorados; (Redação dada pela Lei nº 11.382, de 2006).
 IV - se, havendo bens livres, a penhora houver recaído sobre bens já penhorados ou objeto de gravame; (Redação dada pela Lei nº 11.382, de 2006).
 V - se incidir sobre bens de baixa liquidez; (Redação dada pela Lei nº 11.382, de 2006).
 VI - se fracassar a tentativa de alienação judicial do bem; ou (Redação dada pela Lei nº 11.382, de 2006).
 VII - se o devedor não indicar o valor dos bens ou omitir qualquer das indicações a que se referem os incisos I a IV do parágrafo único do art. 668 desta Lei. (Incluído pela Lei nº 11.382, de 2006).
 § 1º É dever do executado (art. 600), no prazo fixado pelo juiz, indicar onde se encontram os bens sujeitos à execução, exibir a prova de sua propriedade e, se for o caso, certidão negativa de ônus, bem como abster-se de qualquer atitude que dificulte ou embarace a realização da penhora (art. 14, parágrafo único). (Incluído pela Lei nº 11.382, de 2006).
 § 2º A penhora pode ser substituída por fiança bancária ou

seguro garantia judicial, em valor não inferior ao do débito constante da inicial, mais 30% (trinta por cento). (Incluído pela Lei nº 11.382, de 2006).

§ 3º O executado somente poderá oferecer bem imóvel em substituição caso o requeira com a expressa anuência do cônjuge. (Incluído pela Lei nº 11.382, de 2006).

Art. 657. Ouvida em 3 (três) dias a parte contrária, se os bens inicialmente penhorados (art. 652) forem substituídos por outros, lavrar-se-á o respectivo termo. (Redação dada pela Lei nº 11.382, de 2006).

Parágrafo único. O juiz decidirá de plano quaisquer questões suscitadas. (Redação dada pela Lei nº 11.382, de 2006).

Art. 658. Se o devedor não tiver bens no foro da causa, far-se-á a execução por carta, penhorando-se, avaliando-se e alienando-se os bens no foro da situação (art. 747).

Da Penhora e do Depósito
Art. 659. A penhora deverá incidir em tantos bens quantos bastem para o pagamento do principal atualizado, juros, custas e honorários advocatícios. (Redação dada pela Lei nº 11.382, de 2006).

§ 1º Efetuar-se-á a penhora onde quer que se encontrem os bens, ainda que sob a posse, detenção ou guarda de terceiros. (Redação dada pela Lei nº 11.382, de 2006).

§ 2º Não se levará a efeito a penhora, quando evidente que o produto da execução dos bens encontrados será totalmente absorvido pelo pagamento das custas da execução.

§ 3º No caso do parágrafo anterior e bem assim quando não encontrar quaisquer bens penhoráveis, o oficial descreverá na certidão os que guarnecem a residência ou o estabelecimento do devedor.

§ 4º A penhora de bens imóveis realizar-se-á mediante auto ou termo de penhora, cabendo ao exeqüente, sem prejuízo da imediata intimação do executado (art. 652, § 4o), providenciar, para presunção absoluta de conhecimento por terceiros, a respectiva averbação no ofício imobiliário, mediante a apresentação de certidão de inteiro teor do ato, independentemente de mandado judicial. (Redação dada pela Lei nº 11.382, de 2006).

§ 5º Nos casos do § 4o, quando apresentada certidão da respectiva matrícula, a penhora de imóveis, independentemente de onde se localizem, será realizada por termo nos autos, do qual será intimado o executado, pessoalmente ou na pessoa de seu advogado, e por este ato constituído depositário.

§ 6º Obedecidas as normas de segurança que forem instituídas, sob critérios uniformes, pelos Tribunais, a penhora de numerário e as averbações de penhoras de bens imóveis e móveis podem ser realizadas por meios eletrônicos. (Incluído pela Lei nº 11.382, de 2006).

Proposta a ação executiva, o devedor será citado para pagar no prazo de três dias, sob pena de ter seus bens penhorados tantos quantos bastem para garantir a demanda.

Antes da Lei nº 11.382 o devedor era citado para pagar ou nomear bens a penhora. Este direito de nomeação de bens era utilizado por alguns devedores para retardar o trâmite processual.

O parágrafo 5º, acrescentado pela lei 10.444 de 2002, possibilitou a efetivação da penhora de imóveis situados em comarca diferente da comarca da execução, sem necessidade de expedição de carta precatória para o foro onde se localiza o imóvel.

Mas para avaliar e expropriar o bem localizado em outra comarca fica sendo necessária a expedição da carta precatória.

O parágrafo 6º trata da penhora de numerário e as averbações de penhoras de bens imóveis e móveis realizadas por meios eletrônicos.

A informatização do processo judicial de que a transmissão eletrônica é forma de comunicação, justifica-se. Tal medida facilita e traz rapidez à execução, assegura a efetividade da execução, além de impedir a dilapidação do patrimônio e a fraude a execução.

Art. 660. Se o devedor fechar as portas da casa, a fim de obstar a penhora dos bens, o oficial de justiça comunicará o fato ao juiz, solicitando-lhe ordem de arrombamento.

Art. 661. Deferido o pedido mencionado no artigo antecedente, dois oficiais de justiça cumprirão o mandado, arrombando portas, móveis e gavetas, onde presumirem que se achem os bens, e lavrando de tudo auto circunstanciado, que será assinado por duas testemunhas, presentes à diligência.

Art. 662. Sempre que necessário, o juiz requisitará força policial, a fim de auxiliar os oficiais de justiça na penhora dos bens e na prisão de quem resistir à ordem.

Art. 663. Os oficiais de justiça lavrarão em duplicata o auto de resistência, entregando uma via ao escrivão do processo para ser junta aos autos e a outra à autoridade policial, a quem entregarão o preso.

Parágrafo único. Do auto de resistência constará o rol de testemunhas, com a sua qualificação.

Art. 664. Considerar-se-á feita a penhora mediante a apreensão e o depósito dos bens, lavrando-se um só auto se as diligências forem concluídas no mesmo dia.

Parágrafo único. Havendo mais de uma penhora, lavrar-se-á para cada qual um auto.

Art. 665. O auto de penhora conterá:
I - a indicação do dia, mês, ano e lugar em que foi feita;
II - os nomes do credor e do devedor;
III - a descrição dos bens penhorados, com os seus característicos;
IV - a nomeação do depositário dos bens.

Havendo resistência do executado a fim de obstar a penhora dos bens, o oficial de justiça comunicará o fato ao juiz, solicitando-lhe ordem de arrombamento. A Constituição Federal garante a inviolabilidade de domicílio. A penetração em casa alheia somente poderá ser feita mediante permissão judicial.

Art. 666. Os bens penhorados serão preferencialmente depositados: (Redação dada pela Lei nº 11.382, de 2006).

I - no Banco do Brasil, na Caixa Econômica Federal, ou em um banco, de que o Estado-Membro da União possua mais de metade do capital social integralizado; ou, em falta de tais estabelecimentos de crédito, ou agências suas no lugar, em qualquer estabelecimento de crédito, designado pelo juiz, as quantias em dinheiro, as pedras e os metais preciosos, bem como os papéis de crédito;

II - em poder do depositário judicial, os móveis e os imóveis urbanos;

III - em mãos de depositário particular, os demais bens. (Redação dada pela Lei nº 11.382, de 2006).

§ 1º Com a expressa anuência do exeqüente ou nos casos de difícil remoção, os bens poderão ser depositados em poder do executado. (Incluído pela Lei nº 11.382, de 2006).

§ 2º As jóias, pedras e objetos preciosos deverão ser depositados com registro do valor estimado de resgate. (Incluído pela Lei nº 11.382, de 2006).

§ 3º A prisão de depositário judicial infiel será decretada no próprio processo, independentemente de ação de depósito. (Incluído pela Lei nº 11.382, de 2006).

Art. 667. Não se procede à segunda penhora, salvo se:
I - a primeira for anulada;
II - executados os bens, o produto da alienação não bastar para o pagamento do credor;
III - o credor desistir da primeira penhora, por serem litigiosos os bens, ou por estarem penhorados, arrestados ou onerados.

Art. 668. O executado pode, no prazo de 10 (dez) dias após intimado da penhora, requerer a substituição do bem penhorado, desde que comprove cabalmente que a substituição não trará prejuízo algum ao exeqüente e será menos onerosa para ele devedor (art. 17, incisos IV e VI, e art. 620). (Redação dada pela Lei nº 11.382, de 2006).
Parágrafo único. Na hipótese prevista neste artigo, ao executado incumbe: (Incluído pela Lei nº 11.382, de 2006).
I - quanto aos bens imóveis, indicar as respectivas matrículas e registros, situá-los e mencionar as divisas e confrontações; (Incluído pela Lei nº 11.382, de 2006).
II - quanto aos móveis, particularizar o estado e o lugar em que se encontram; (Incluído pela Lei nº 11.382, de 2006).
III - quanto aos semoventes, especificá-los, indicando o número de cabeças e o imóvel em que se encontram; (Incluído pela Lei nº 11.382, de 2006).
IV - quanto aos créditos, identificar o devedor e qualificá-lo, descrevendo a origem da dívida, o título que a representa e a data do vencimento; e (Incluído pela Lei nº 11.382, de 2006).
V - atribuir valor aos bens indicados à penhora. (Incluído pela Lei nº 11.382, de 2006).

Art. 669. (Revogado pela Lei nº 11.382, de 2006)

Art. 670. O juiz autorizará a alienação antecipada dos bens

penhorados quando:
I - sujeitos a deterioração ou depreciação;
II - houver manifesta vantagem.
Parágrafo único. Quando uma das partes requerer a alienação antecipada dos bens penhorados, o juiz ouvirá sempre a outra antes de decidir.

O auto de penhora deve conter a nomeação do depositário dos bens, e onde se encontra o bem objeto da constrição.
A penhora só é considerada feita mediante a apreensão e depósito de bens.
Deposito é a destituição do executado da posse de um bem, entregando-o a um depositário.
O depositário deve assegurar a conservação da coisa penhora.

O artigo 666 e incisos estabelece a ordem em que os bens penhorados serão preferencialmente depositados.
No caso de dinheiro, o valor deve ser depositado em banco oficial.
Alguns bens podem ficar em mãos do próprio devedor executado, em virtude do princípio de menor onerosidade, passando o devedor a desempenhar dois papéis: o de executado e o de depositário.

Da Avaliação

Concentrando os atos de penhora e avaliação, o legislador buscou dar maior celeridade à execução. Quando dispensar conhecimento especializado, deverá ser realizada pelo próprio oficial de justiça. Não sendo o caso, será nomeado avaliador.

Art. 680. A avaliação será feita pelo oficial de justiça (art. 652), ressalvada a aceitação do valor estimado pelo executado (art. 668, parágrafo único, inciso V); caso sejam necessários conhecimentos especializados, o juiz nomeará avaliador, fixando-lhe prazo não superior a 10 (dez) dias para entrega do laudo. (Redação dada pela Lei nº 11.382, de 2006).

Art. 681. O laudo da avaliação integrará o auto de penhora ou, em caso de perícia (art. 680), será apresentado no prazo fixado pelo juiz, devendo conter: (Redação dada pela Lei nº 11.382, de 2006).

I - a descrição dos bens, com os seus característicos, e a indicação do estado em que se encontram;

II - o valor dos bens.

Parágrafo único. Quando o imóvel for suscetível de cômoda divisão, o avaliador, tendo em conta o crédito reclamado, o avaliará em partes, sugerindo os possíveis desmembramentos. (Redação dada pela Lei nº 11.382, de 2006).

Art. 682. O valor dos títulos da dívida pública, das ações das sociedades e dos títulos de crédito negociáveis em bolsa será o da cotação oficial do dia, provada por certidão ou publicação no órgão oficial.

Art. 683. É admitida nova avaliação quando: (Redação dada pela Lei nº 11.382, de 2006).

I - qualquer das partes argüir, fundamentadamente, a ocorrência de erro na avaliação ou dolo do avaliador; (Redação dada pela Lei nº 11.382, de 2006).

II - se verificar, posteriormente à avaliação, que houve majoração ou diminuição no valor do bem; ou (Redação dada pela Lei nº 11.382, de 2006).

III - houver fundada dúvida sobre o valor atribuído ao bem (art. 668, parágrafo único, inciso V). (Redação dada pela Lei nº 11.382, de 2006).

Art. 684. Não se procederá à avaliação se:
I - o exeqüente aceitar a estimativa feita pelo executado (art. 668, parágrafo único, inciso V); (Redação dada pela Lei nº 11.382, de 2006).
II - se tratar de títulos ou de mercadorias, que tenham cotação em bolsa, comprovada por certidão ou publicação oficial;
III - (Revogado pela Lei nº 11.382, de 2006)

Art. 685. Após a avaliação, poderá mandar o juiz, a requerimento do interessado e ouvida a parte contrária:
I - reduzir a penhora aos bens suficientes, ou transferi-la para outros, que bastem à execução, se o valor dos penhorados for consideravelmente superior ao crédito do exeqüente e acessórios;
II - ampliar a penhora, ou transferi-la para outros bens mais valiosos, se o valor dos penhorados for inferior ao referido crédito.
Parágrafo único. Uma vez cumpridas essas providências, o juiz dará início aos atos de expropriação de bens. (Redação dada pela Lei nº 11.382, de 2006).

Da Adjudicação
(Incluído pela Lei nº 11.382, de 2006).
Art. 685-A. É lícito ao exeqüente, oferecendo preço não inferior ao da avaliação, requerer lhe sejam adjudicados os bens penhorados. (Incluído pela Lei nº 11.382, de 2006).
§ 1º Se o valor do crédito for inferior ao dos bens, o adjudicante depositará de imediato a diferença, ficando esta à disposição do executado; se superior, a execução prosseguirá pelo saldo remanescente. (Incluído pela Lei nº 11.382, de 2006).
§ 2º Idêntico direito pode ser exercido pelo credor com garantia real, pelos credores concorrentes que hajam penhorado o mesmo bem, pelo cônjuge, pelos descendentes ou ascendentes do executado. (Incluído pela Lei nº 11.382, de 2006).
§ 3º Havendo mais de um pretendente, proceder-se-á entre

eles à licitação; em igualdade de oferta, terá preferência o cônjuge, descendente ou ascendente, nessa ordem. (Incluído pela Lei nº 11.382, de 2006).

§ 4º No caso de penhora de quota, procedida por exeqüente alheio à sociedade, esta será intimada, assegurando preferência aos sócios. (Incluído pela Lei nº 11.382, de 2006).

§ 5º Decididas eventuais questões, o juiz mandará lavrar o auto de adjudicação. (Incluído pela Lei nº 11.382, de 2006).

Art. 685-B. A adjudicação considera-se perfeita e acabada com a lavratura e assinatura do auto pelo juiz, pelo adjudicante, pelo escrivão e, se for presente, pelo executado, expedindo-se a respectiva carta, se bem imóvel, ou mandado de entrega ao adjudicante, se bem móvel. (Incluído pela Lei nº 11.382, de 2006).

Parágrafo único. A carta de adjudicação conterá a descrição do imóvel, com remissão a sua matrícula e registros, a cópia do auto de adjudicação e a prova de quitação do imposto de transmissão. (Incluído pela Lei nº 11.382, de 2006).

Outra inovação no modo de se expropriar bens do devedor é a "alienação por iniciativa particular".

É a possibilidade, conferida ao exeqüente, de, após passada a oportunidade de adjudicação dos bens penhorados, solicitar sua alienação por iniciativa própria ou por intermédio de corretor regularmente credenciado perante a autoridade judiciária.

Da Alienação por Iniciativa Particular
(Incluído pela Lei nº 11.382, de 2006).

Art. 685-C. Não realizada a adjudicação dos bens penhorados, o exeqüente poderá requerer sejam eles alienados por sua própria iniciativa ou por intermédio de corretor credenciado perante a autoridade judiciária. (Incluído pela Lei nº 11.382, de 2006).

§ 1º O juiz fixará o prazo em que a alienação deve ser efetivada, a forma de publicidade, o preço mínimo (art. 680), as condições de pagamento e as garantias, bem como, se for o caso, a comissão de corretagem. (Incluído pela Lei nº 11.382, de 2006).

§ 2º A alienação será formalizada por termo nos autos, assinado pelo juiz, pelo exeqüente, pelo adquirente e, se for presente, pelo executado, expedindo-se carta de alienação do imóvel para o devido registro imobiliário, ou, se bem móvel, mandado de entrega ao adquirente. (Incluído pela Lei nº 11.382, de 2006).

§ 3º Os Tribunais poderão expedir provimentos detalhando o procedimento da alienação prevista neste artigo, inclusive com o concurso de meios eletrônicos, e dispondo sobre o credenciamento dos corretores, os quais deverão estar em exercício profissional por não menos de 5 (cinco) anos. (Incluído pela Lei nº 11.382, de 2006).

Alienação em Hasta Pública

Hasta pública é a venda em praça ou leilão de bens do devedor para satisfazer o crédito do exeqüente.
Praça quando se tratar de bens imóveis e leilão para bens móveis A adjudicação e alienação particular passam a ter preferência na forma de expropriação dos bens do devedor. A praça e o leilão figuram como terceira opção e ainda assim com alterações inseridas pela Lei nº 11.382.

Com intuito de torná-la, na prática, mais eficiente, a nova lei possibilita ao juiz alterar a forma e a freqüência da publicidade na imprensa, inclusive recorrer a meios eletrônicos de divulgação, além disso, a intimação informando a hora e local da alienação, poderá ser feita na pessoa do advogado do devedor.

Da Alienação em Hasta Pública
(Redação dada pela Lei nº 11.382, de 2006).
Art. 686. Não requerida a adjudicação e não realizada a alienação particular do bem penhorado, será expedido o edital de hasta pública,

que conterá: (Redação dada pela Lei nº 11.382, de 2006).

I - a descrição do bem penhorado, com suas características e, tratando-se de imóvel, a situação e divisas, com remissão à matrícula e aos registros; (Redação dada pela Lei nº 11.382, de 2006).

II - o valor do bem;

III - o lugar onde estiverem os móveis, veículos e semoventes; e, sendo direito e ação, os autos do processo, em que foram penhorados;

IV - o dia e a hora de realização da praça, se bem imóvel, ou o local, dia e hora de realização do leilão, se bem móvel; (Redação dada pela Lei nº 11.382, de 2006).

V - menção da existência de ônus, recurso ou causa pendente sobre os bens a serem arrematados;

VI - a comunicação de que, se o bem não alcançar lanço superior à importância da avaliação, seguir-se-á, em dia e hora que forem desde logo designados entre os dez e os vinte dias seguintes, a sua alienação pelo maior lanço (art. 692).

§ 1º No caso do art. 684, II, constará do edital o valor da última cotação anterior à expedição deste.

§ 2º A praça realizar-se-á no átrio do edifício do Fórum; o leilão, onde estiverem os bens, ou no lugar designado pelo juiz.

§ 3º Quando o valor dos bens penhorados não exceder 60 (sessenta) vezes o valor do salário mínimo vigente na data da avaliação, será dispensada a publicação de editais; nesse caso, o preço da arrematação não será inferior ao da avaliação. (Redação dada pela Lei nº 11.382, de 2006).

Art. 687. O edital será afixado no local do costume e publicado, em resumo, com antecedência mínima de 5 (cinco) dias, pelo menos uma vez em jornal de ampla circulação local.

§ 1º A publicação do edital será feita no órgão oficial, quando o credor for beneficiário da justiça gratuita.

§ 2º Atendendo ao valor dos bens e às condições da comarca, o juiz poderá alterar a forma e a freqüência da publicidade na imprensa, mandar divulgar avisos em emissora local e adotar outras providências tendentes a mais ampla publicidade da alienação, inclusive recorrendo a meios eletrônicos de divulgação. (Redação dada pela Lei nº 11.382, de 2006).

§ 3º Os editais de praça serão divulgados pela imprensa preferencialmente na seção ou local reservado à publicidade de negócios imobiliários.

§ 4º O juiz poderá determinar a reunião de publicações em listas referentes a mais de uma execução.

§ 5º O executado terá ciência do dia, hora e local da alienação judicial por intermédio de seu advogado ou, se não tiver procurador constituído nos autos, por meio de mandado, carta registrada, edital ou outro meio idôneo. (Redação dada pela Lei nº 11.382, de 2006).

Art. 688. Não se realizando, por motivo justo, a praça ou o leilão, o juiz mandará publicar pela imprensa local e no órgão oficial a transferência.

Parágrafo único. O escrivão, o porteiro ou o leiloeiro, que culposamente der causa à transferência, responde pelas despesas da nova publicação, podendo o juiz aplicar-lhe a pena de suspensão por 5 (cinco) a 30 (trinta) dias.

Art. 689. Sobrevindo a noite, prosseguirá a praça ou o leilão no dia útil imediato, à mesma hora em que teve início, independentemente de novo edital.

Art. 689-A. O procedimento previsto nos arts. 686 a 689 poderá ser substituído, a requerimento do exeqüente, por alienação realizada por meio da rede mundial de computadores, com uso de páginas virtuais criadas pelos Tribunais ou por entidades públicas ou privadas em convênio com eles firmado. (Incluído pela Lei nº 11.382, de 2006).

Parágrafo único. O Conselho da Justiça Federal e os Tribunais de

Justiça, no âmbito das suas respectivas competências, regulamentarão esta modalidade de alienação, atendendo aos requisitos de ampla publicidade, autenticidade e segurança, com observância das regras estabelecidas na legislação sobre certificação digital. (Incluído pela Lei nº 11.382, de 2006).

Art. 690. A arrematação far-se-á mediante o pagamento imediato do preço pelo arrematante ou, no prazo de até 15 (quinze) dias, mediante caução. (Redação dada pela Lei nº 11.382, de 2006).

§ 1º Tratando-se de bem imóvel, quem estiver interessado em adquiri-lo em prestações poderá apresentar por escrito sua proposta, nunca inferior à avaliação, com oferta de pelo menos 30% (trinta por cento) à vista, sendo o restante garantido por hipoteca sobre o próprio imóvel. (Redação dada pela Lei nº 11.382, de 2006).

I - (Revogado pela Lei nº 11.382, de 2006)
II - (Revogado pela Lei nº 11.382, de 2006)
III - (Revogado pela Lei nº 11.382, de 2006)

§ 2º As propostas para aquisição em prestações, que serão juntadas aos autos, indicarão o prazo, a modalidade e as condições de pagamento do saldo. (Redação dada pela Lei nº 11.382, de 2006).

§ 3º O juiz decidirá por ocasião da praça, dando o bem por arrematado pelo apresentante do melhor lanço ou proposta mais conveniente. (Incluído pela Lei nº 11.382, de 2006).

§ 4º No caso de arrematação a prazo, os pagamentos feitos pelo arrematante pertencerão ao exeqüente até o limite de seu crédito, e os subseqüentes ao executado. (Incluído pela Lei nº 11.382, de 2006).

A forma de pagamento realizado na arrematação também sofreu alterações:

O prazo foi ampliado de três para quinze dias e, no caso de bens imóveis, a arrematação admite proposta a prazo, com depósito à vista de 30% e o restante garantido por hipoteca sobre o próprio imóvel.

Art. 690-A. É admitido a lançar todo aquele que estiver na livre administração de seus bens, com exceção: (Incluído pela Lei nº 11.382, de 2006).

I - dos tutores, curadores, testamenteiros, administradores, síndicos ou liquidantes, quanto aos bens confiados a sua guarda e responsabilidade; (Incluído pela Lei nº 11.382, de 2006).

II - dos mandatários, quanto aos bens de cuja administração ou alienação estejam encarregados; (Incluído pela Lei nº 11.382, de 2006).

III - do juiz, membro do Ministério Público e da Defensoria Pública, escrivão e demais servidores e auxiliares da Justiça. (Incluído pela Lei nº 11.382, de 2006).

Parágrafo único. O exeqüente, se vier a arrematar os bens, não estará obrigado a exibir o preço; mas, se o valor dos bens exceder o seu crédito, depositará, dentro de 3 (três) dias, a diferença, sob pena de ser tornada sem efeito a arrematação e, neste caso, os bens serão levados a nova praça ou leilão à custa do exeqüente. (Incluído pela Lei nº 11.382, de 2006).

Art. 691. Se a praça ou o leilão for de diversos bens e houver mais de um lançador, será preferido aquele que se propuser a arrematá-los englobadamente, oferecendo para os que não tiverem licitante preço igual ao da avaliação e para os demais o de maior lanço.

Art. 692. Não será aceito lanço que, em segunda praça ou leilão, ofereça preço vil.
Parágrafo único. Será suspensa a arrematação logo que o produto da alienação dos bens bastar para o pagamento do credor.

Art. 693. A arrematação constará de auto que será lavrado de imediato, nele mencionadas as condições pelas quais foi alienado o bem. (Redação dada pela Lei nº 11.382, de 2006).
Parágrafo único. A ordem de entrega do bem móvel ou a carta

de arrematação do bem imóvel será expedida depois de efetuado o depósito ou prestadas as garantias pelo arrematante. (Incluído pela Lei nº 11.382, de 2006).

Art. 694. Assinado o auto pelo juiz, pelo arrematante e pelo serventuário da justiça ou leiloeiro, a arrematação considerar-se-á perfeita, acabada e irretratável, ainda que venham a ser julgados procedentes os embargos do executado. (Redação dada pela Lei nº 11.382, de 2006).

§ 1º A arrematação poderá, no entanto, ser tornada sem efeito: (Renumerado com alteração do parágrafo único, pela Lei nº 11.382, de 2006).

I - por vício de nulidade; (Redação dada pela Lei nº 11.382, de 2006).

II - se não for pago o preço ou se não for prestada a caução; (Redação dada pela Lei nº 11.382, de 2006).

III - quando o arrematante provar, nos 5 (cinco) dias seguintes, a existência de ônus real ou de gravame (art. 686, inciso V) não mencionado no edital; (Redação dada pela Lei nº 11.382, de 2006).

IV - a requerimento do arrematante, na hipótese de embargos à arrematação (art. 746, §§ 1o e 2º); (Redação dada pela Lei nº 11.382, de 2006).

V - quando realizada por preço vil (art. 692); (Incluído pela Lei nº 11.382, de 2006).

VI - nos casos previstos neste Código (art. 698). (Incluído pela Lei nº 11.382, de 2006).

§ 2º No caso de procedência dos embargos, o executado terá direito a haver do exeqüente o valor por este recebido como produto da arrematação; caso inferior ao valor do bem, haverá do exeqüente também a diferença. (Incluído pela Lei nº 11.382, de 2006).

Art. 695. Se o arrematante ou seu fiador não pagar o preço no prazo estabelecido, o juiz impor-lhe-á, em favor do exeqüente, a perda da caução, voltando os bens a nova praça ou leilão, dos quais não serão admitidos a participar o arrematante e o fiador remissos. (Redação dada pela Lei nº 11.382, de 2006).

§ 1º (Revogado pela Lei nº 11.382, de 2006)
§ 2º (Revogado pela Lei nº 11.382, de 2006)
§ 3º (Revogado pela Lei nº 11.382, de 2006)

Art. 696. O fiador do arrematante, que pagar o valor do lanço e a multa, poderá requerer que a arrematação lhe seja transferida.

Art. 697. (Revogado pela Lei nº 11.382, de 2006)

Art. 698. Não se efetuará a adjudicação ou alienação de bem do executado sem que da execução seja cientificado, por qualquer modo idôneo e com pelo menos 10 (dez) dias de antecedência, o senhorio direto, o credor com garantia real ou com penhora anteriormente averbada, que não seja de qualquer modo parte na execução. (Redação dada pela Lei nº 11.382, de 2006).

Art. 699. (Revogado pela Lei nº 11.382, de 2006)

Art. 700. (Revogado pela Lei nº 11.382, de 2006)

Art. 701. Quando o imóvel de incapaz não alcançar em praça pelo menos 80% (oitenta por cento) do valor da avaliação, o juiz o confiará à guarda e administração de depositário idôneo, adiando a alienação por prazo não superior a 1(um) ano.

§ 1º Se, durante o adiamento, algum pretendente assegurar, mediante caução idônea, o preço da avaliação, o juiz ordenará a alienação em praça.

§ 2º Se o pretendente à arrematação se arrepender, o juiz lhe imporá a multa de 20% (vinte por cento) sobre o valor da avaliação, em benefício do incapaz, valendo a decisão como título executivo.

§ 3º Sem prejuízo do disposto nos dois parágrafos antecedentes, o juiz poderá autorizar a locação do imóvel no prazo do adiamento.

§ 4º Findo o prazo do adiamento, o imóvel será alienado, na forma prevista no art. 686, VI.

Art. 702. Quando o imóvel admitir cômoda divisão, o juiz, a requerimento do devedor, ordenará a alienação judicial de parte dele, desde que suficiente para pagar o credor.

Parágrafo único. Não havendo lançador, far-se-á a alienação do imóvel em sua integridade.

Art. 703. A carta de arrematação conterá:

I - a descrição do imóvel, com remissão à sua matrícula e registros; (Redação dada pela Lei nº 11.382, de 2006).

II - a cópia do auto de arrematação; e (Redação dada pela Lei nº 11.382, de 2006).

III - a prova de quitação do imposto de transmissão. (Redação dada pela Lei nº 11.382, de 2006).

IV - (Revogado pela Lei nº 11.382, de 2006)

Art. 704. Ressalvados os casos de alienação de bens imóveis e aqueles de atribuição de corretores da Bolsa de Valores, todos os demais bens serão alienados em leilão público. (Redação dada pela Lei nº 11.382, de 2006).

Art. 705. Cumpre ao leiloeiro:

I - publicar o edital, anunciando a alienação;

II - realizar o leilão onde se encontrem os bens, ou no lugar designado pelo juiz;

III - expor aos pretendentes os bens ou as amostras das mercadorias;

IV - receber do arrematante a comissão estabelecida em lei ou arbitrada pelo juiz;

V - receber e depositar, dentro em 24 (vinte e quatro) horas, à ordem do juiz, o produto da alienação;
VI - prestar contas nas 48 (quarenta e oito) horas subseqüentes ao depósito.

Art. 706. O leiloeiro público será indicado pelo exeqüente. (Redação dada pela Lei nº 11.382, de 2006).

Art. 707. Efetuado o leilão, lavrar-se-á o auto, que poderá abranger bens penhorados em mais de uma execução, expedindo-se, se necessário, ordem judicial de entrega ao arrematante. (Redação dada pela Lei nº 11.382, de 2006).

Do Pagamento ao Credor
Art. 708. O pagamento ao credor far-se-á:
I - pela entrega do dinheiro;
II - pela adjudicação dos bens penhorados;
III - pelo usufruto de bem imóvel ou de empresa.

Da Entrega do Dinheiro
Art. 709. O juiz autorizará que o credor levante, até a satisfação integral de seu crédito, o dinheiro depositado para segurar o juízo ou o produto dos bens alienados quando:
I - a execução for movida só a benefício do credor singular, a quem, por força da penhora, cabe o direito de preferência sobre os bens penhorados e alienados;
II - não houver sobre os bens alienados qualquer outro privilégio ou preferência, instituído anteriormente à penhora.
Parágrafo único. Ao receber o mandado de levantamento, o credor dará ao devedor, por termo nos autos, quitação da quantia paga.

Art. 710. Estando o credor pago do principal, juros, custas e honorários, a importância que sobejar será restituída ao devedor.

Art. 711. Concorrendo vários credores, o dinheiro ser-lhes-á distribuído e entregue consoante a ordem das respectivas prelações; não havendo título legal à preferência, receberá em primeiro lugar o credor que promoveu a execução, cabendo aos demais concorrentes direito sobre a importância restante, observada a anterioridade de cada penhora.

Art. 712. Os credores formularão as suas pretensões, requerendo as provas que irão produzir em audiência; mas a disputa entre eles versará unicamente sobre o direito de preferência e a anterioridade da penhora.

Art. 713. Findo o debate, o juiz decidirá. (Redação dada pela Lei nº 11.382, de 2006).

Da Adjudicação de Imóvel
(Revogado pela Lei nº 11.382, de 2006)
Art. 714. (Revogado pela Lei nº 11.382, de 2006)

Art. 715. (Revogado pela Lei nº 11.382, de 2006)

Do Usofruto de Móvel ou Imóvel
(Redação dada pela Lei nº 11.382, de 2006).
Art. 716. O juiz pode conceder ao exeqüente o usufruto de móvel ou imóvel, quando o reputar menos gravoso ao executado e eficiente para o recebimento do crédito. (Redação dada pela Lei nº 11.382, de 2006).

Art. 717. Decretado o usufruto, perde o executado o gozo do móvel ou imóvel, até que o exeqüente seja pago do principal, juros, custas e honorários advocatícios. (Redação dada pela Lei nº 11.382, de

2006).

Art. 718. O usufruto tem eficácia, assim em relação ao executado como a terceiros, a partir da publicação da decisão que o conceda. (Redação dada pela Lei nº 11.382, de 2006).

Art. 719. Na sentença, o juiz nomeará administrador que será investido de todos os poderes que concernem ao usufrutuário.
Parágrafo único. Pode ser administrador:
I - o credor, consentindo o devedor;
II - o devedor, consentindo o credor.

Art. 720. Quando o usufruto recair sobre o quinhão do condômino na co-propriedade, o administrador exercerá os direitos que cabiam ao executado. (Redação dada pela Lei nº 11.382, de 2006).

Art. 721. E lícito ao credor, antes da realização da praça, requerer-lhe seja atribuído, em pagamento do crédito, o usufruto do imóvel penhorado.

Art. 722. Ouvido o executado, o juiz nomeará perito para avaliar os frutos e rendimentos do bem e calcular o tempo necessário para o pagamento da dívida. (Redação dada pela Lei nº 11.382, de 2006).
I - (Revogado pela Lei nº 11.382, de 2006)
II - (Revogado pela Lei nº 11.382, de 2006)
§ 1º Após a manifestação das partes sobre o laudo, proferirá o juiz decisão; caso deferido o usufruto de imóvel, ordenará a expedição de carta para averbação no respectivo registro. (Redação dada pela Lei nº 11.382, de 2006).
§ 2º Constarão da carta a identificação do imóvel e cópias do laudo e da decisão. (Redação dada pela Lei nº 11.382, de 2006).
§ 3º (Revogado pela Lei nº 11.382, de 2006)

Art. 723. Se o imóvel estiver arrendado, o inquilino pagará o aluguel diretamente ao usufrutuário, salvo se houver administrador.

Art. 724. O exeqüente usufrutuário poderá celebrar locação do móvel ou imóvel, ouvido o executado. (Redação dada pela Lei nº 11.382, de 2006).
Parágrafo único. Havendo discordância, o juiz decidirá a melhor forma de exercício do usufruto. (Incluído pela Lei nº 11.382, de 2006).

Art. 725. (Revogado pela Lei nº 11.382, de 2006)

Art. 726. (Revogado pela Lei nº 11.382, de 2006)

Art. 727. (Revogado pela Lei nº 11.382, de 2006)

Art. 728. (Revogado pela Lei nº 11.382, de 2006)

Art. 729. (Revogado pela Lei nº 11.382, de 2006)

Liquidação da sentença

Na ação de conhecimento, o pedido deve ser certo e determinado. Porém em alguns casos é possível formular pedido genérico, conforme dispõe o artigo 286 do Código de Processo Civil.

São casos em que o autor não tem possibilidade de saber de antemão o quantum e o que lhe é devido.

Pedido genérico é o pedido indeterminado em seu valor ou quantidade, ensejando, conseqüentemente, sentença ilíquida, daí a necessidade de se promover a liquidação da sentença.

Nas sentenças de pedido genérico não vem determinado valor da condenação ou individualizado o objeto.

A função da Liquidação da sentença é justamente determiná-los. Isto deve ser feito antes da execução.

Art. 286. O pedido deve ser certo ou determinado. É lícito, porém, formular pedido genérico:
I - nas ações universais, se não puder o autor individuar na petição os bens demandados;
II - quando não for possível determinar, de modo definitivo, as conseqüências do ato ou do fato ilícito;
III - quando a determinação do valor da condenação depender de ato que deva ser praticado pelo réu.

A liquidação da sentença pode ser feita de três formas:

1) Indicação do valor pelo próprio credor: quando for possível, através de simples cálculo aritmético se chegar ao valor devido, fixado na sentença. O próprio credor apresenta memória discriminada e atualizada do cálculo, ou é apurado pelo Contador Judicial.

2) A liquidação por arbitramento é utilizada quando determinada na sentença, ou quando for convencionado pelas partes, ou ainda quando exigir a natureza do objeto da liquidação.
É trabalho técnico efetuado por perito especializado em determinada área do conhecimento científico, nomeado pelo juiz para determinar o valor ou a extensão da obrigação constituída pela sentença ilíquida.

3) A liquidação será por artigo quando, para se determinar o valor da condenação houver necessidade de alegar e provar fato novo.
Fato novo, em termos jurídicos, significa toda e qualquer ocorrência que se tenha dado depois da propositura de uma ação

ou de determinado ato. Assim, se dará por artigo a liquidação da sentença quando houver necessidade de se provar fato ocorrido depois da sentença, que tenha relação com o valor ou extensão da obrigação nela determinada.

A Lei nº 11.232 de 22 de dezembro de 2005, revogou alguns artigos do Código de Processo Civil e modificou o sistema de execução dos **títulos judiciais**, unindo as fases de conhecimento e execução, agilizando o cumprimento da sentença. A execução passa a ser uma fase da ação de conhecimento, e não mais uma ação autônoma.

Contudo, a nova lei não afetou a execução de sentença contra a Fazenda Pública que continua sendo regida pelo art.741 do CPC. Assim, este artigo não mais regula os embargos à execução de sentenças proferidas contra particulares, mas somente os embargos contra a Fazenda Pública que continuam a existir.

Não há mais necessidade de citação pessoal do réu para execução.

A nova lei extinguiu os embargos a execução de título judicial, substituindo-os por uma impugnação, com o intuito de agilizar as ações de cobrança.

Vejamos o disposto no Código de Processo Civil, já com a redação da lei 11.232 de 2005:

Da Liquidação de Sentença
(Incluído pela Lei nº 11.232, de 2005)
Art. 475-A. Quando a sentença não determinar o valor devido, procede-se à sua liquidação. (Incluído pela Lei nº 11.232, de 2005)
§ 1º Do requerimento de liquidação de sentença será a parte intimada, na pessoa de seu advogado. (Incluído pela Lei nº 11.232, de

2005)

§ 2º A liquidação poderá ser requerida na pendência de recurso, processando-se em autos apartados, no juízo de origem, cumprindo ao liquidante instruir o pedido com cópias das peças processuais pertinentes. (Incluído pela Lei nº 11.232, de 2005)

§ 3º Nos processos sob procedimento comum sumário, referidos no art. 275, inciso II, alíneas 'd' e 'e' desta Lei, é defesa a sentença ilíquida, cumprindo ao juiz, se for o caso, fixar de plano, a seu prudente critério, o valor devido. (Incluído pela Lei nº 11.232, de 2005)

Art. 475-B. Quando a determinação do valor da condenação depender apenas de cálculo aritmético, o credor requererá o cumprimento da sentença, na forma do art. 475-J desta Lei, instruindo o pedido com a memória discriminada e atualizada do cálculo. (Incluído pela Lei nº 11.232, de 2005)

§ 1º Quando a elaboração da memória do cálculo depender de dados existentes em poder do devedor ou de terceiro, o juiz, a requerimento do credor, poderá requisitá-los, fixando prazo de até trinta dias para o cumprimento da diligência. (Incluído pela Lei nº 11.232, de 2005)

§ 2º Se os dados não forem, injustificadamente, apresentados pelo devedor, reputar-se-ão corretos os cálculos apresentados pelo credor, e, se não o forem pelo terceiro, configurar-se-á a situação prevista no art. 362. (Incluído pela Lei nº 11.232, de 2005)

§ 3º Poderá o juiz valer-se do contador do juízo, quando a memória apresentada pelo credor aparentemente exceder os limites da decisão exeqüenda e, ainda, nos casos de assistência judiciária. (Incluído pela Lei nº 11.232, de 2005)

§ 4º Se o credor não concordar com os cálculos feitos nos termos do § 3º deste artigo, far-se-á a execução pelo valor originariamente pretendido, mas a penhora terá por base o valor encontrado pelo contador. (Incluído pela Lei nº 11.232, de 2005)

Art. 475-C. Far-se-á a liquidação por arbitramento quando: (Incluído pela Lei nº 11.232, de 2005)
I – determinado pela sentença ou convencionado pelas partes; (Incluído pela Lei nº 11.232, de 2005)
II – o exigir a natureza do objeto da liquidação. (Incluído pela Lei nº 11.232, de 2005)

Art. 475-D. Requerida a liquidação por arbitramento, o juiz nomeará o perito e fixará o prazo para a entrega do laudo. (Incluído pela Lei nº 11.232, de 2005)
Parágrafo único. Apresentado o laudo, sobre o qual poderão as partes manifestar-se no prazo de dez dias, o juiz proferirá decisão ou designará, se necessário, audiência. (Incluído pela Lei nº 11.232, de 2005)

Art. 475-E. Far-se-á a liquidação por artigos, quando, para determinar o valor da condenação, houver necessidade de alegar e provar fato novo. (Incluído pela Lei nº 11.232, de 2005)

Art. 475-F. Na liquidação por artigos, observar-se-á, no que couber, o procedimento comum (art. 272). (Incluído pela Lei nº 11.232, de 2005)

Art. 475-G. É defeso, na liquidação, discutir de novo a lide ou modificar a sentença que a julgou. (Incluído pela Lei nº 11.232, de 2005)

Art. 475-H. Da decisão de liquidação caberá agravo de instrumento. (Incluído pela Lei nº 11.232, de 2005)

Entrega da Coisa Certa

Dentre as inovações da Lei nº 11.232, o artigo 475-J prevê que a **execução de título judicial** não mais será em autos apartados.

Quando a condenação for por quantia certa ou se já fixada em liquidação de sentença, o devedor deverá pagar em 15 dias sob pena de multa de 10% acrescida ao montante, e através de simples petição o credor poderá requer o mandado de penhora e avaliação, indicando bens à penhora.

A intimação do respectivo auto será feita na pessoa do advogado do devedor, do seu representante legal ou pessoalmente, agilizando, dessa forma, a prestação jurisdicional.

O devedor terá o prazo de 15 dias contados da intimação para oferecer, querendo a impugnação.

Note que não se trata de embargos, mas de um incidente processual que tem cabimento nos próprios autos podendo somente abranger as matérias previstas no artigo 475-L, como veremos mais adiante.

Na impugnação, o devedor poderá requerer ao juiz que atribua efeito suspensivo à execução. Se deferido, a impugnação será processada nos próprios autos, se for indeferido o efeito suspensivo, a impugnação será processada em autos apartados, prosseguindo, normalmente, o andamento da execução da sentença.

Note que a impugnação não suspende, necessariamente, a execução, ficando para o juiz a faculdade de conceder o efeito suspensivo levando em conta os elementos contidos na impugnação e se o prosseguimento da execução poderá causar danos graves e de difícil reparação ao executado. Diferente dos embargos à execução que em regra, eram recebidos no efeito suspensivo, suspendendo a execução.

Dentre os motivos que ensejam a impugnação está a hipótese de excesso de execução. Neste caso o executado deverá indicar o valor que entende correto, sob pena de sua impugnação ser rejeitada liminarmente.

Art. 475-J. Caso o devedor, condenado ao pagamento de quantia certa ou já fixada em liquidação, não o efetue no prazo de quinze dias, o montante da condenação será acrescido de multa no percentual de dez por cento e, a requerimento do credor e observado o disposto no art. 614, inciso II, desta Lei, expedir-se-á mandado de penhora e avaliação. (Incluído pela Lei nº 11.232, de 2005)

§ 1º Do auto de penhora e de avaliação será de imediato intimado o executado, na pessoa de seu advogado (arts. 236 e 237), ou, na falta deste, o seu representante legal, ou pessoalmente, por mandado ou pelo correio, podendo oferecer impugnação, querendo, no prazo de quinze dias. (Incluído pela Lei nº 11.232, de 2005)

É de se ressaltar que, em se tratando de sentença nos autos do processo de conhecimento já não há lugar para embargos, vez que a via própria de defesa para o executado, prevista no parágrafo primeiro é a impugnação.

§ 2º Caso o oficial de justiça não possa proceder à avaliação, por depender de conhecimentos especializados, o juiz, de imediato, nomeará avaliador, assinando-lhe breve prazo para a entrega do laudo. (Incluído pela Lei nº 11.232, de 2005)

§ 3º O exeqüente poderá, em seu requerimento, indicar desde logo os bens a serem penhorados. (Incluído pela Lei nº 11.232, de 2005)

§ 4º Efetuado o pagamento parcial no prazo previsto no caput deste artigo, a multa de dez por cento incidirá sobre o restante. (Incluído pela Lei nº 11.232, de 2005)

§ 5º Não sendo requerida a execução no prazo de seis meses, o juiz mandará arquivar os autos, sem prejuízo de seu desarquivamento a pedido da parte. (Incluído pela Lei nº 11.232, de 2005)

Art. 475-L. A impugnação somente poderá versar sobre: (Incluído pela Lei nº 11.232, de 2005)

I – falta ou nulidade da citação, se o processo correu à revelia; (Incluído pela Lei nº 11.232, de 2005)

II – inexigibilidade do título; (Incluído pela Lei nº 11.232, de 2005)

III – penhora incorreta ou avaliação errônea; (Incluído pela Lei nº 11.232, de 2005)

IV – ilegitimidade das partes; (Incluído pela Lei nº 11.232, de 2005)

V – excesso de execução; (Incluído pela Lei nº 11.232, de 2005)

VI – qualquer causa impeditiva, modificativa ou extintiva da obrigação, como pagamento, novação, compensação, transação ou prescrição, desde que superveniente à sentença. (Incluído pela Lei nº 11.232, de 2005)

§ 1º Para efeito do disposto no inciso II do caput deste artigo, considera-se também inexigível o título judicial fundado em lei ou ato normativo declarados inconstitucionais pelo Supremo Tribunal Federal, ou fundado em aplicação ou interpretação da lei ou ato normativo tidas pelo Supremo Tribunal Federal como incompatíveis com a Constituição Federal. (Incluído pela Lei nº 11.232, de 2005)

§ 2º Quando o executado alegar que o exeqüente, em excesso de execução, pleiteia quantia superior à resultante da sentença, cumprir-lhe-á declarar de imediato o valor que entende correto, sob pena de rejeição liminar dessa impugnação. (Incluído pela Lei nº 11.232, de 2005)

Art. 475-M. A impugnação não terá efeito suspensivo, podendo o juiz atribuir-lhe tal efeito desde que relevantes seus fundamentos e o prosseguimento da execução seja manifestamente suscetível de causar ao executado grave dano de difícil ou incerta reparação. (Incluído pela Lei nº 11.232, de 2005)

§ 1º Ainda que atribuído efeito suspensivo à impugnação, é lícito ao exeqüente requerer o prosseguimento da execução, oferecendo e prestando caução suficiente e idônea, arbitrada pelo juiz e prestada nos próprios autos. (Incluído pela Lei nº 11.232, de 2005)

§ 2º Deferido efeito suspensivo, a impugnação será instruída e decidida nos próprios autos e, caso contrário, em autos apartados. (Incluído pela Lei nº 11.232, de 2005)

§ 3º A decisão que resolver a impugnação é recorrível mediante agravo de instrumento, salvo quando importar extinção da execução, caso em que caberá apelação. (Incluído pela Lei nº 11.232, de 2005)

Art. 475-N. São títulos executivos judiciais: (Incluído pela Lei nº 11.232, de 2005)

I – a sentença proferida no processo civil que reconheça a existência de obrigação de fazer, não fazer, entregar coisa ou pagar quantia; (Incluído pela Lei nº 11.232, de 2005)

II – a sentença penal condenatória transitada em julgado; (Incluído pela Lei nº 11.232, de 2005)

III – a sentença homologatória de conciliação ou de transação, ainda que inclua matéria não posta em juízo; (Incluído pela Lei nº 11.232, de 2005)

IV - a sentença arbitral; (Incluído pela Lei nº 11.232, de 2005)

V - o acordo extrajudicial, de qualquer natureza, homologado judicialmente; (Incluído pela Lei nº 11.232, de 2005)

VI – a sentença estrangeira, homologada pelo Superior Tribunal de Justiça; (Incluído pela Lei nº 11.232, de 2005)

VII – o formal e a certidão de partilha, exclusivamente em relação ao inventariante, aos herdeiros e aos sucessores a título singular ou universal. (Incluído pela Lei nº 11.232, de 2005)

Parágrafo único. Nos casos dos incisos II, IV e VI, o mandado inicial (art. 475-J) incluirá a ordem de citação do devedor, no juízo cível, para liquidação ou execução, conforme o caso. (Incluído pela Lei nº 11.232, de 2005)

Art. 475-O. A execução provisória da sentença far-se-á, no que couber, do mesmo modo que a definitiva, observadas as seguintes normas: (Incluído pela Lei nº 11.232, de 2005)

I– corre por iniciativa, conta e responsabilidade do exeqüente, que se obriga, se a sentença for reformada, a reparar os danos que o executado haja sofrido; (Incluído pela Lei nº 11.232, de 2005)

II – fica sem efeito, sobrevindo acórdão que modifique ou anule a sentença objeto da execução, restituindo-se as partes ao estado anterior e liquidados eventuais prejuízos nos mesmos autos, por arbitramento; (Incluído pela Lei nº 11.232, de 2005)

III – o levantamento de depósito em dinheiro e a prática de atos que importem alienação de propriedade ou dos quais possa resultar grave dano ao executado dependem de caução suficiente e idônea, arbitrada de plano pelo juiz e prestada nos próprios autos. (Incluído pela Lei nº 11.232, de 2005)

§ 1º No caso do inciso II do caput deste artigo, se a sentença provisória for modificada ou anulada apenas em parte, somente nesta ficará sem efeito a execução. (Incluído pela Lei nº 11.232, de 2005)

§ 2º A caução a que se refere o inciso III do caput deste artigo poderá ser dispensada: (Incluído pela Lei nº 11.232, de 2005)

I – quando, nos casos de crédito de natureza alimentar ou decorrente de ato ilícito, até o limite de sessenta vezes o valor do salário-mínimo, o exeqüente demonstrar situação de necessidade; (Incluído pela Lei nº 11.232, de 2005)

II – nos casos de execução provisória em que penda agravo de instrumento junto ao Supremo Tribunal Federal ou ao Superior Tribunal de Justiça (art. 544), salvo quando da dispensa possa manifestamente resultar risco de grave dano, de difícil ou incerta reparação. (Incluído pela Lei nº 11.232, de 2005)

§ 3º Ao requerer a execução provisória, o exeqüente instruirá a petição com cópias autenticadas das seguintes peças do processo, podendo o advogado valer-se do disposto na parte final do art. 544, § 1o: (Incluído pela Lei nº 11.232, de 2005)

I – sentença ou acórdão exeqüendo; (Incluído pela Lei nº 11.232, de 2005)

II – certidão de interposição do recurso não dotado de efeito suspensivo; (Incluído pela Lei nº 11.232, de 2005)

III – procurações outorgadas pelas partes; (Incluído pela Lei nº 11.232, de 2005)

IV – decisão de habilitação, se for o caso; (Incluído pela Lei nº 11.232, de 2005)

V – facultativamente, outras peças processuais que o exeqüente considere necessárias. (Incluído pela Lei nº 11.232, de 2005)

Art. 475-P. O cumprimento da sentença efetuar-se-á perante: (Incluído pela Lei nº 11.232, de 2005)

I – os tribunais, nas causas de sua competência originária; (Incluído pela Lei nº 11.232, de 2005)

II – o juízo que processou a causa no primeiro grau de jurisdição; (Incluído pela Lei nº 11.232, de 2005)

III – o juízo cível competente, quando se tratar de sentença penal condenatória, de sentença arbitral ou de sentença estrangeira. (Incluído pela Lei nº 11.232, de 2005)

Parágrafo único. No caso do inciso II do caput deste artigo, o exeqüente poderá optar pelo juízo do local onde se encontram bens sujeitos à expropriação ou pelo do atual domicílio do executado, casos em que a remessa dos autos do processo será solicitada ao juízo de origem. (Incluído pela Lei nº 11.232, de 2005)

Art. 475-Q. Quando a indenização por ato ilícito incluir prestação de alimentos, o juiz, quanto a esta parte, poderá ordenar ao devedor constituição de capital, cuja renda assegure o pagamento do valor mensal da pensão. (Incluído pela Lei nº 11.232, de 2005)

§ 1º Este capital, representado por imóveis, títulos da dívida pública ou aplicações financeiras em banco oficial, será inalienável e impenhorável enquanto durar a obrigação do devedor. (Incluído pela

Lei nº 11.232, de 2005)

§ 2º O juiz poderá substituir a constituição do capital pela inclusão do beneficiário da prestação em folha de pagamento de entidade de direito público ou de empresa de direito privado de notória capacidade econômica, ou, a requerimento do devedor, por fiança bancária ou garantia real, em valor a ser arbitrado de imediato pelo juiz. (Incluído pela Lei nº 11.232, de 2005)

§ 3º Se sobrevier modificação nas condições econômicas, poderá a parte requerer, conforme as circunstâncias, redução ou aumento da prestação. (Incluído pela Lei nº 11.232, de 2005)

§ 4º Os alimentos podem ser fixados tomando por base o salário-mínimo. (Incluído pela Lei nº 11.232, de 2005)

§ 5º Cessada a obrigação de prestar alimentos, o juiz mandará liberar o capital, cessar o desconto em folha ou cancelar as garantias prestadas. (Incluído pela Lei nº 11.232, de 2005)

Art. 475-R. Aplicam-se subsidiariamente ao cumprimento da sentença, no que couber, as normas que regem o processo de execução de título extrajudicial. (Incluído pela Lei nº 11.232, de 2005)

Vejamos, agora, como se procede a execução de obrigação constante de título executivo extrajudicial:

O devedor é citado para entregar a coisa, no prazo de dez dias, contados da juntada do mandado aos autos, ou depositá-la em juízo, conforme prevê o art. 621, podendo constar a cominação de multa por dia de atraso no cumprimento da obrigação de entrega de coisa.

A citação far-se-á, normalmente, por oficial de justiça, cabendo citação por edital ou por hora certa.

Se o executado entregar a coisa, no prazo, será ouvido o credor e constatada a entrega da coisa correta, lavrar-se-á termo de entrega e extingue-se a execução, mediante sentença. Se o

Direito Processual Civil

Execução

título contiver condenação referente a perdas e danos, custas e honorários advocatícios e for ilíquida, proceder-se-á previamente a liquidação e, por conseguinte a cumulação de execução para entrega da coisa com execução de quantia certa.

O executado pode, também, não entregar a coisa, mas depositá-la, no prazo de dez dias, lavrando-se termo de depósito e, a partir daí, o devedor tem dez dias para interpor embargos.

Os embargos suspendem o processo executivo, assim a coisa não poderá ser levantada até seu julgamento.

Se os embargos forem julgados procedentes, a coisa depositada retorna para o executado, extinguindo-se a execução; se julgados improcedentes, haverá levantamento do depósito feito pelo exeqüente.

Serão rejeitados liminarmente pelo juiz os embargos intempestivos e os fundados em fatos não amparados pela lei.

Os embargos poderão ser impugnados em 10 dias. O juiz designará data para realização de audiência de instrução e julgamento.

Pode ocorrer também de o devedor não depositar a coisa, nem entregá-la, no prazo de dez dias. Neste caso será expedido mandado de imissão em posse ou de busca e apreensão dependendo de se tratar de bem móvel ou imóvel.

O devedor poderá interpor embargos, no prazo de dez dias, mas deverá fazer depósito prévio se deseja evitar que a coisa, desde logo, seja entregue ao credor.

Tendo sido alienada a coisa quando já litigiosa, expedir-se-á o mandado de busca e apreensão ou de imissão na posse contra o terceiro adquirente que, para agir em defesa de seu direito, terá de depositar previamente a coisa litigiosa.

O credor, todavia, não é obrigado a perseguir o bem no

patrimônio de terceiros, podendo optar por executar o devedor pelo valor da coisa, acrescido das perdas e danos se a coisa não lhe é entregue, ou se não pretender que a atividade executória se volte contra o terceiro adquirente.

Caso conste no título o valor da coisa, este será acrescido de eventual correção monetária. Não constando o exeqüente fará a estimativa sujeitando-se ao arbitramento judicial.

Se na coisa entregue houver benfeitorias feitas pelo devedor ou por terceiros, antes da execução é obrigatória a liquidação do valor das obras ou melhoramentos e se houver saldo em favor do devedor, o credor o depositará ao requerer a entrega da coisa; se houver saldo em favor do credor, este poderá cobrá-lo nos autos do mesmo processo.

Assim dispõe o Código de Processo Civil:

Art. 621. O devedor de obrigação de entrega de coisa certa, constante de título executivo extrajudicial, será citado para, dentro de 10 (dez) dias, satisfazer a obrigação ou, seguro o juízo (art. 737, II), apresentar embargos.

Parágrafo único. O juiz, ao despachar a inicial, poderá fixar multa por dia de atraso no cumprimento da obrigação, ficando o respectivo valor sujeito a alteração, caso se revele insuficiente ou excessivo.

Art. 622. O devedor poderá depositar a coisa, em vez de entregá-la, quando quiser opor embargos.

Art. 623. Depositada a coisa, o exeqüente não poderá levantá-la antes do julgamento dos embargos.

Art. 624. Se o executado entregar a coisa, lavrar-se-á o respectivo termo e dar-se-á por finda a execução, salvo se esta tiver de prosseguir para o pagamento de frutos ou ressarcimento de prejuízos.

Art. 625. Não sendo a coisa entregue ou depositada, nem admitidos embargos suspensivos da execução, expedir-se-á, em favor do credor, mandado de imissão na posse ou de busca e apreensão, conforme se tratar de imóvel ou de móvel.

Art. 626. Alienada a coisa quando já litigiosa, expedir-se-á mandado contra o terceiro adquirente, que somente será ouvido depois de depositá-la.

Art. 627. O credor tem direito a receber, além de perdas e danos, o valor da coisa, quando esta não lhe for entregue, se deteriorou, não for encontrada ou não for reclamada do poder de terceiro adquirente.
§ 1º Não constando do título o valor da coisa, ou sendo impossível a sua avaliação, o exeqüente far-lhe-á a estimativa, sujeitando-se ao arbitramento judicial.
§ 2º Serão apurados em liquidação o valor da coisa e os prejuízos.

Art. 628. Havendo benfeitorias indenizáveis feitas na coisa pelo devedor ou por terceiros, de cujo poder ela houver sido tirada, a liquidação prévia é obrigatória. Se houver saldo em favor do devedor, o credor o depositará ao requerer a entrega da coisa; se houver saldo em favor do credor, este poderá cobrá-lo nos autos do mesmo processo.

Entrega de Coisa Incerta

A execução para entrega da coisa incerta tem por característica o objeto especificado apenas em relação à quantidade e gênero.
O devedor deve entregar a coisa individualizada.

Se a escolha couber ao credor, este deve exteriorizar sua vontade quanto à escolha, caso contrário caberá ao devedor indicar a coisa.

Se o escolhido para especificar o objeto não o fizer, será necessário o credor entrar com ação de obrigação de dar a coisa incerta para que no prazo de 10 dias exterioriza sua escolha.

Art. 629. Quando a execução recair sobre coisas determinadas pelo gênero e quantidade, o devedor será citado para entregá-las individualizadas, se lhe couber a escolha; mas se essa couber ao credor, este a indicará na petição inicial.

Art. 630. Qualquer das partes poderá, em 48 (quarenta e oito) horas, impugnar a escolha feita pela outra, e o juiz decidirá de plano, ou, se necessário, ouvindo perito de sua nomeação.

Art. 631. Aplicar-se-á à execução para entrega de coisa incerta o estatuído na seção anterior.

Obrigação de Fazer

A obrigação de fazer é aquela cujo objeto de prestação é um ato do devedor. Não diz respeito à entrega de coisa e sim no dever de exercer determinada conduta. Consiste em praticar um ato, ou realizar uma tarefa em pró do credor, ao contrário da obrigação de não fazer que consiste na abstenção da prática de determinados atos.

A execução da obrigação de fazer pode fundar-se em título executivo judicial ou extrajudicial.

Da Obrigação de Fazer

Art. 632. Quando o objeto da execução for obrigação de fazer, o devedor será citado para satisfazê-la no prazo que o juiz lhe assinar, se outro não estiver determinado no título executivo.

Execução

Art. 633. Se, no prazo fixado, o devedor não satisfizer a obrigação, é lícito ao credor, nos próprios autos do processo, requerer que ela seja executada à custa do devedor, ou haver perdas e danos; caso em que ela se converte em indenização.

Parágrafo único. O valor das perdas e danos será apurado em liquidação, seguindo-se a execução para cobrança de quantia certa.

Art. 634. Se o fato puder ser prestado por terceiro, é lícito ao juiz, a requerimento do exeqüente, decidir que aquele o realize à custa do executado. (Redação dada pela Lei nº 11.382, de 2006).

Parágrafo único. O exeqüente adiantará as quantias previstas na proposta que, ouvidas as partes, o juiz houver aprovado. (Redação dada pela Lei nº 11.382, de 2006).

Art. 635. Prestado o fato, o juiz ouvirá as partes no prazo de 10 (dez) dias; não havendo impugnação, dará por cumprida a obrigação; em caso contrário, decidirá a impugnação.

Art. 636. Se o contratante não prestar o fato no prazo, ou se o praticar de modo incompleto ou defeituoso, poderá o credor requerer ao juiz, no prazo de 10 (dez) dias, que o autorize a concluí-lo, ou a repará-lo, por conta do contratante.

Parágrafo único. Ouvido o contratante no prazo de 5 (cinco) dias, o juiz mandará avaliar o custo das despesas necessárias e condenará o contratante a pagá-lo.

Art. 637. Se o credor quiser executar, ou mandar executar, sob sua direção e vigilância, as obras e trabalhos necessários à prestação do fato, terá preferência, em igualdade de condições de oferta, ao terceiro.

Parágrafo único. O direito de preferência será exercido no prazo de 5 (cinco) dias, contados da apresentação da proposta pelo terceiro (art. 634, parágrafo único). (Redação dada pela Lei nº 11.382, de 2006).

Art. 638. Nas obrigações de fazer, quando for convencionado que o devedor a faça pessoalmente, o credor poderá requerer ao juiz que lhe assine prazo para cumpri-la.
Parágrafo único. Havendo recusa ou mora do devedor, a obrigação pessoal do devedor converter-se-á em perdas e danos, aplicando-se outrossim o disposto no art. 633.

Obrigação de não fazer

A obrigação de não fazer consiste na abstenção de determinados atos.

Da Obrigação de Não Fazer
Art. 642. Se o devedor praticou o ato, a cuja abstenção estava obrigado pela lei ou pelo contrato, o credor requererá ao juiz que lhe assine prazo para desfazê-lo.

Art. 643. Havendo recusa ou mora do devedor, o credor requererá ao juiz que mande desfazer o ato à sua custa, respondendo o devedor por perdas e danos.
Parágrafo único. Não sendo possível desfazer-se o ato, a obrigação resolve-se em perdas e danos.

Execução Contra a Fazenda Pública

Com a entrada em vigor da Lei nº 11.232, o artigo 741 que não recebe modificações relevantes, passa a ter outra redação, não mais regulando os embargos à execução de sentenças proferidas contra particulares, mas os embargos à execução contra a Fazenda Pública.

Assim, a nova sistemática não se aplica à execução de sentença contra a Fazenda Pública, a qual será citada de acordo com o artigo 730 do Código de Processo Civil.

Art. 730 - Na execução por quantia certa contra a Fazenda Pública, citar-se-á a devedora para opor embargos em 10 (dez) dias; se esta não os opuser, no prazo legal, observar-se-ão as seguintes regras:
I - o juiz requisitará o pagamento por intermédio do presidente do tribunal competente;
II - far-se-á o pagamento na ordem de apresentação do precatório e à conta do respectivo crédito.

A Medida Provisória nº 2.180-35 que alterou a lei 9.494 de 1997 aumentou o prazo para 30 dias.

Em se tratando de execução contra a Fazendo Pública não se faz necessário a garantia do juízo para oposição dos embargos.

Art. 741. Na execução contra a Fazenda Pública, os embargos só poderão versar sobre: (Redação dada pela Lei nº 11.232, de 2005)
I – falta ou nulidade da citação, se o processo correu à revelia; (Redação dada pela Lei nº 11.232, de 2005)
II - inexigibilidade do título;
III - ilegitimidade das partes;
IV - cumulação indevida de execuções;
V – excesso de execução; (Redação dada pela Lei nº 11.232, de 2005)
VI – qualquer causa impeditiva, modificativa ou extintiva da obrigação, como pagamento, novação, compensação, transação ou prescrição, desde que superveniente à sentença; (Redação dada pela Lei nº 11.232, de 2005)
VII - incompetência do juízo da execução, bem como suspeição ou impedimento do juiz.

Parágrafo único. Para efeito do disposto no inciso II do caput deste artigo, considera-se também inexigível o título judicial fundado em lei ou ato normativo declarados inconstitucionais pelo Supremo Tribunal Federal, ou fundado em aplicação ou interpretação da lei ou ato normativo tidas pelo Supremo Tribunal Federal como incompatíveis com a Constituição Federal. (Incluído pela Lei nº 11.232, de 2005)

Execução de Prestação Alimentícia

A obrigação alimentar não se vincula ao pátrio poder, mas à relação de parentesco. Tem como causa jurídica o vínculo ascendente-descendente.

O não pagamento da pensão alimentícia fixada em sentença judicial gera a mais grave conseqüência em matéria civil, que é a prisão do devedor inadimplente.

A prisão civil está prevista na Constituição Federal de 1988, e é plenamente justificada em face do bem jurídico protegido, que no caso é a sobrevivência digna daqueles que não podem prover o próprio sustento.

A execução da sentença condenatória de prestação alimentícia faz-se de conforme as regras estabelecidas para execução de quantia certa, acrescidas das regras especificadas dos artigos 732 a 735 do Código de Processo Civil.

Art. 732. A execução de sentença, que condena ao pagamento de prestação alimentícia, far-se-á conforme o disposto no Capítulo IV deste Título.
Parágrafo único. Recaindo a penhora em dinheiro, o oferecimento de embargos não obsta a que o exeqüente levante mensalmente a importância da prestação.

Art. 733. Na execução de sentença ou de decisão, que fixa os alimentos provisionais, o juiz mandará citar o devedor para, em 3 (três) dias, efetuar o pagamento, provar que o fez ou justificar a impossibilidade de efetuá-lo.

§ 1º Se o devedor não pagar, nem se escusar, o juiz decretar-lhe-á a prisão pelo prazo de 1 (um) a 3 (três) meses.

§ 2º O cumprimento da pena não exime o devedor do pagamento das prestações vencidas e vincendas.

§ 3º Paga a prestação alimentícia, o juiz suspenderá o cumprimento da ordem de prisão.

Art. 734. Quando o devedor for funcionário público, militar, diretor ou gerente de empresa, bem como empregado sujeito à legislação do trabalho, o juiz mandará descontar em folha de pagamento a importância da prestação alimentícia.

Parágrafo único. A comunicação será feita à autoridade, à empresa ou ao empregador por ofício, de que constarão os nomes do credor, do devedor, a importância da prestação e o tempo de sua duração.

Art. 735. Se o devedor não pagar os alimentos provisionais a que foi condenado, pode o credor promover a execução da sentença, observando-se o procedimento estabelecido no Capítulo IV deste Título.

Execução de Quantia Certa Contra Devedor Insolvente

Devedor insolvente é aquele cujas dívidas excedem o valor de seu patrimônio

A insolvência pode ser presumida quando o devedor não

possuir outros bens livres e desembaraçados para nomear à penhora.

A declaração de insolvência traz vários efeitos ao devedor, como veremos nos artigos a seguir.

Art. 748. Dá-se a insolvência toda vez que as dívidas excederem à importância dos bens do devedor.

Art. 749. Se o devedor for casado e o outro cônjuge, assumindo a responsabilidade por dívidas, não possuir bens próprios que bastem ao pagamento de todos os credores, poderá ser declarada, nos autos do mesmo processo, a insolvência de ambos.

Art. 750. Presume-se a insolvência quando:
I - o devedor não possuir outros bens livres e desembaraçados para nomear à penhora;
II - forem arrestados bens do devedor, com fundamento no art. 813, I, II e III.

Art. 751. A declaração de insolvência do devedor produz:
I - o vencimento antecipado das suas dívidas;
II - a arrecadação de todos os seus bens suscetíveis de penhora, quer os atuais, quer os adquiridos no curso do processo;
III - a execução por concurso universal dos seus credores.

Art. 752. Declarada a insolvência, o devedor perde o direito de administrar os seus bens e de dispor deles, até a liquidação total da massa.

Art. 753. A declaração de insolvência pode ser requerida:
I - por qualquer credor quirografário;
II - pelo devedor;
III - pelo inventariante do espólio do devedor.

Remição

A remição da execução é medida prevista no artigo 651 do Código de Processo Civil, que garante ao devedor que, antes de arrematados ou adjudicados os bens, possa pagar ou consignar em juízo a importância atualizada da dívida exeqüenda mais acessórios.

A remição da execução pode ser feita a qualquer tempo antes da adjudicação ou alienação dos bens.

É lícito ao cônjuge, ao descendente ou ao ascendente do devedor insolvente remir qualquer bem penhorado ou arrecadados no processo de insolvência depositando o preço pelo qual foram alienados ou adjudicados.

Deferida a remição será expedida carta contendo a sentença, a autuação, o título executivo, o auto de penhora, a avaliação e a quitação de impostos.

Art. 651. Antes de adjudicados ou alienados os bens, pode o executado, a todo tempo, remir a execução, pagando ou consignando a importância atualizada da dívida, mais juros, custas e honorários advocatícios. (Redação dada pela Lei nº 11.382, de 2006).

Suspensão do Processo de Execução

Suspender o processo é deter seu curso temporariamente, devido à incidência de ato ou fato que deva ser resolvido para que o processo volte ao seu curso normal.

Suspensa a execução, fica proibida a prática de quaisquer atos processuais.

Porém, nem todos incidentes prejudiciais suspendem o processo de execução.

As hipóteses de suspensão da execução estão nos artigos 791 a 793, contudo não se trata de rol taxativo. Existem outras diversas possibilidades contidas no sistema processual.

Art. 791. Suspende-se a execução:
I - no todo ou em parte, quando recebidos com efeito suspensivo os embargos à execução (art. 739-A); (Redação dada pela Lei nº 11.382, de 2006).
II - nas hipóteses previstas no art. 265, I a III;
III - quando o devedor não possuir bens penhoráveis.

Art. 792. Convindo as partes, o juiz declarará suspensa a execução durante o prazo concedido pelo credor, para que o devedor cumpra voluntariamente a obrigação.
Parágrafo único. Findo o prazo sem cumprimento da obrigação, o processo retomará o seu curso.

Art. 793. Suspensa a execução, é defeso praticar quaisquer atos processuais. O juiz poderá, entretanto, ordenar providências cautelares urgentes.

Extinção do Processo de Execução

Com a reforma no processo de execução, proferida a sentença, e acolhido o pedido do autor, o processo de conhecimento não mais se extingue como ocorria antes, mas apenas se estende para a uma nova fase, chamada de cumprimento da sentença.

A extinção do processo pode ocorrer de forma normal com a satisfação do crédito, remissão da dívida ou renúncia do direito pelo credor. Pode ocorrer também de forma anormal quando, exauridos todos os meios executivos, o devedor não satisfaz a obrigação

Art. 794. Extingue-se a execução quando:

I - o devedor satisfaz a obrigação;

II - o devedor obtém, por transação ou por qualquer outro meio, a remissão total da dívida;

III - o credor renunciar ao crédito.

Art. 795. A extinção só produz efeito quando declarada por sentença.

Antecipe seus estudos.

Bibliografia / Consultas

Direito Processual Civil

THEODORO JÚNIOR, Humberto, Curso de Direito Processual Civil, Volume I, São Paulo, Editora Forense.

SANTOS, Moacir Amaral, Primeiras Linhas de Direito Processual Civil, Volumes I e II, São Paulo, Editora Saraiva.

SILVA, Ovídio A. Baptista da, Curso de Processo Civil, Volume I, São Paulo. Editora Revista dos Tribunais.

DINAMARCO, Cândido Rangel, A Reforma do Código de Processo Civil, São Paulo, Malheiros.

GRECCO FILHO, Vicente, Da Intervenção de Terceiros, São Paulo, Editora Saraiva.

MIRANDA, Pontes de, Tratado das Ações, Campinas, Bookseller.

NERY JÚNIOR, Nelson, Princípios do Processo Civil na Constituição Federal, São Paulo, Editora Revista dos Tribunais.

ALEXANDRE FREIRE Código de Processo Civil Interpretado. 3.ed. São Paulo: Atlas, 2008.

Legislação

Código de Processo Civil
Lei nº 11.187, de 2005.
Lei nº 11.232, de 2005.
Lei nº 11.276, de 2006.
Lei nº 11.341, de 2006.
Lei nº 11.382, de 2006.
Lei nº 11.418, de 2006.
Lei nº 11.419, de 2006.
Lei nº 11.441, de 2007.
Lei nº 11.672, de 2008.
Lei nº 11.694, de 2008.

Editora Áudio
Antecipe seus estudos